Inhaltsverzeichnis

W0035425

Arwed Vogel

Auf dem rechten Weg?

Eine Geschichte über Freundschaft, Mobbing und Fremdenhass

PERSEN

Gedruckt auf umweltbewusst gefertigtem, chlorfrei gebleichtem und alterungsbeständigem Papier.

2. Auflage 2019
© 2018 PERSEN Verlag, Hamburg
AAP Lehrerfachverlage GmbH
Alle Rechte vorbehalten.

Coverfoto: StockSnap – pixabay.com
Satz: Satzpunkt Ursula Ewert GmbH, Bayreuth

ISBN: 978-3-403-20307-0

www.persen.de

1 Eine anonyme Nachricht

„Das ist so grausam", sagte Mira.
„Nur grausam", bestätigte Tati und sie schüttelte
den Kopf. Hannah sah zwischen den beiden hin-
durch.

5   „Hat der keine Eltern?", fragte Mira und drehte
sich zu Hannah um, die mit den Schultern zuckte.
„Und keinen Geschmack und keinen Sinn für das
Schöne?", sagte Tati.
Sie schauten Jos nach, der langsam aufgestanden

10 war und zwischen den Tischen langsam zur Tür
des Klassenzimmers ging.
Hannah saß noch an ihrem Platz, schaute kurz
auf, runzelte die Stirn. Sie hatte andere Sorgen. Es
waren nur noch drei Wochen bis zu den Sommer-

15 ferien und ihre Eltern wollten nicht verreisen. Tati
fuhr ins Turncamp und anschließend mit ihren
Eltern ans Meer, Mira flog zu ihren Großeltern
nach Indien, wahrscheinlich wieder mit einer arabischen Airline in der Businessclass, in der man

20 so viele coole Drinks bekam, wie man wollte. Nur
sie wusste keine Antwort auf die Frage, was sie
mit den sechs Wochen anfangen sollte. Sechs
Wochen ohne ihre Freundinnen. Mit Eltern, die

meinten, dass zwei Stunden Handynutzung am Tag auch in den Ferien das Äußerste wären, was man einer Jugendlichen zugestehen dürfe. Eine unerträgliche Situation, von der sie nicht wusste,
5 wie sie zu ändern wäre.

„Ich halte es nicht aus, das anzuschauen", hörte sie Tati sagen, die vor ihrem Tisch stand und darauf wartete, dass Hannah aufstand.

„Widerlich", sagte Mira.

10 Hannah steckte die Stifte in das Mäppchen, zog den Reißverschluss zu. Langsam folgte sie den Mädchen aus dem Klassenzimmer in den Gang, der zur Aula führte. Vor ihnen ging Jos. Seine langen Arme baumelten neben seinen zu kurzen Ho-
15 senbeinen. Auf seinem T-Shirt, das aus der Hose hing, waren am Rücken dunkle Flecken zu sehen. Die Haare standen wirr und ungewaschen unter seiner Kappe hervor. Er hatte nicht einmal die Schuhe richtig angezogen.

20 „Wie kann man nur so in die Schule gehen?" Mira kniff die Augen zusammen und schüttelte sich.

„Sieht aus, als wäre er gar nicht nach Hause gekommen", sagte Hannah.

In den letzten Jahren waren ihre Eltern wenigs-
25 tens auf einen Bauernhof gefahren. Das war

schön, als sie ein Kind war. Aber jetzt. Es gab nicht einmal Pferde, nur gackernde Hühner und einen Schweinestall. Als der altersschwache Esel gestorben war, wusste sie überhaupt nicht mehr, was

5 sie da sollte. Als sie dieses Jahr wieder dahin wollten, drei Wochen – man stelle sich das vor: drei Wochen auf einem Geranienbalkon mit Blick auf den Misthaufen und miserablem Handyempfang –, da protestierte Hannah.

10 Dann bleiben wir eben zu Hause, sagten ihre Eltern, wenn es dir nicht gefällt. Ob sie nicht mal etwas Cooles machen könnten, zumindest ans Meer fahren, wo man abends am Hafen entlangbummeln kann mit einem Eis in der Hand, hatte

15 sie gesagt. Ihre Mutter hätte sie überzeugen können, aber nicht ihren Vater, der wollte immer nur in die Berge, weil es inzwischen überall so gefährlich sei, nirgends sei man sicher, Überfälle, Angriffe, dem wolle er sich und seine Familie nicht

20 aussetzen. Genug, sagte er, keine Diskussionen. Wenn es auf der Welt in ein paar Jahren ruhiger wird, können wir ja mal überlegen. In ein paar Jahren, hatte Hannah gedacht, da bin ich erwachsen, da mache ich sowieso, was ich will.

Hannah tappte hinter den Freundinnen her, die kicherten. Sie wusste nicht warum, aber es hatte wohl mit Jos zu tun.

„Ich muss was sagen, ich halte das nicht mehr aus", sagte Mira und Tati nickte mit dem Kopf.

„Hey Jos!", rief Tati, „Hast du keine Eltern mehr?" Jos blieb stehen, drehte sich um und verschränkte die Arme vor seiner Brust. Sein Blick, im Schatten des Kappenschirms, wechselte unruhig zwischen den Mädchen hin und her.

„Schreib doch ‚Opfer' auf deine Kappe", sagte Mira. Tati lachte.

„Was?", fragte Jos, als hätte er nicht begriffen, was sie von ihm wollten.

„Du schaust aus, die totale Beleidigung für unsere Klasse", sagte Mira, „nur weil man nur am Computer sitzt, kann man sich doch was Sauberes anziehen."

Kurz sah Jos an sich herunter, seine Augen blitzten, dann murmelte er ganz leise: „Kümmert euch doch um eure eigenen Sachen."

„Oder haben dich deine Eltern rausgeschmissen, weil sie keinen Nerd mehr haben wollen?"

Lachend gingen Tati und Mira an ihm vorbei. Hannah folgte ihnen und zuckte mit den Achseln, als sie an ihm vorbeiging und in sein Gesicht sah, das sie hilflos anblickte.

„Lasst ihn doch in Ruhe", sagte Hannah draußen.

„Es ist doch nur zu seinem Besten", sagte Tati mit
5   gespielter Sanftheit, „wahrscheinlich hat er gar nicht gemerkt, wie schäbig er ausschaut."

„Ja und?", fragte Hannah.

„Außerdem macht es Spaß, ihn zu ärgern", sagte Mira, „der merkt es ja nicht mal."

10   Hannah zog die Augenbrauen nach oben. Sie überlegte, ob sie etwas dagegen sagen sollte, schließlich war sie Klassensprecherin. Aber Tati und Mira hatten ja recht. Vielleicht begriff Jos auf diese Weise ja endlich, dass er nicht so herum-
15   laufen konnte.

„Seid ihr heute am See?", fragte Hannah, als sie die Treppe zur Aula hinuntergingen.

„Ich treff' mich mit Tom", sagte Tati in einem Ton-fall, der klang, als müsste die ganze Welt auf sie
20   neidisch sein, „wir fahren in die Stadt, Klamotten kaufen."

„Weiß nicht", sagte Mira, „ich glaube, ich lerne noch mal richtig Mathe, falls der mich ausfragt. Ich stehe auf der Kippe."

„Ja", sagte Tati ironisch, „kurz vor dem Untergang. Wenn ich solche Noten hätte wie du, würde ich aufhören zu lernen."

„Deswegen hat sie …", sagte Hannah, aber da traten sie schon durch das Schultor und Tati sah Tom, der sein Rad aus dem Keller geholt hatte und winkte, und ohne sich von den anderen zu verabschieden, flog sie auf ihn zu.

„Die hat es ganz schön erwischt", sagte Mira, „ich verstehe das gar nicht. So toll ist der nicht. Nur weil er immer schwarze Klamotten trägt und düster und unheimlich aussehen will."

Am Abend stand Tom am Fenster und blickte über den leeren, dunklen Parkplatz zum Gartentor. Er konnte an nichts anderes denken als an Tati. Den ganzen Nachmittag waren sie durch die Geschäfte gezogen, Hand in Hand durch die Fußgängerzone gebummelt. Jetzt wünschte er sich nichts mehr, als dass sie plötzlich die Straße entlangkommen und mit ihm den Abend verbringen würde. Er seufzte, setzte sich vor den Computer und öffnete den Ordner mit den Fotos. Dann vergrößerte er das Klassenfoto, bis er Tatis Gesicht groß vor sich sah.

Morgen wollte er sie fragen, ob sie in das Sommerlager mitkam. Er musste zwar noch Gerold überzeugen, der auch dieses Jahr wieder Lagerleiter war, aber es gab eigentlich nichts, was dagegensprach. Letztes Jahr waren auch Mädchen dabei gewesen. Gut, deren Familien fuhren auch mit, aber wenn er mit Tati zusammen war, dann gehörte sie ja im Grunde auch zur Familie.

Aber Gerold zu etwas zu überreden, war schwierig, eigentlich fast unmöglich. Wenn man nicht alles mitmachte, was er wollte, war man einfach nur ein Weichei. ‚Weichei‘, das Lieblingswort seines großen Bruders.

Trotzdem konnte er es ja versuchen. Es war doch gut, dass viele Menschen das Sommerlager kennenlernten. Drei Wochen noch. Drei Wochen noch bis zur besten Zeit des Jahres. Jedes Jahr hatte er es kaum erwarten können, nichts mehr herbeigesehnt, als dass sie endlich dorthin fuhren. Kanu fahren, Fischen, Hütten bauen, Erkundungsläufe und Nachtwanderungen. Am Lagerfeuer sitzen, bis einem die Augen zufielen. Nur dieses Jahr hatte er sich nicht richtig freuen können. Drei Wochen ohne Tati erschien ihm wie eine unvorstellbar lange Zeit. Es war schon schlimm genug, die

Nachmittage nach der Schule ohne sie zu überstehen. Irgendwann kam ihm die Idee, Tati zu fragen, ob sie mitkommen wollte.

Er starrte erneut auf das Klassenfoto, klickte es auf die normale Größe zurück und sah Mira, wie sie neben Tati stand. Er hatte überlegt, das Foto auszudrucken, aber dann hätte Gerold es sehen können. Wenn Gerold sah, dass Mira neben Tati stand und ihr einen Arm um die Schulter gelegt hatte, dann würde es mit dem Sommerlager schwierig werden.

‚Big Brother is watching you', dachte Tom. Wenn es Gerold nicht gäbe, wäre das Leben perfekt. Natürlich würde es dann kein Sommerlager geben. Aber Gerold stöberte in all seinen Sachen, kontrollierte seine Schultasche, seine Hefte, sein Handy. Sogar den Klassenchat hatte er gelesen. Wenn er sich dagegen wehrte, sagte Gerold nur: „Vater hat gesagt, ich muss auf dich aufpassen und deswegen will ich wissen, was du machst, Brüderchen." Das alles nur, weil ihre Mutter so schwach war und sich nicht um Toms Erziehung kümmerte. Natürlich wusste Gerold auch, dass Mira in seine Klasse ging. Aber er durfte jetzt auf keinen Fall merken, dass Tati mit ihr befreundet war. Es war schon schlimm genug, dass sie dauernd mit Tati zusammen sein wollte.

Du musst dich wehren, sagte sein Bruder immer, du darfst dir nichts gefallen lassen. Von niemandem. Tom schüttelte den Kopf. Mit solchen Sprüchen tun sich große Brüder leicht.

Aber er hatte ja recht. Wenn Tom Tati wirklich für sich haben wollte, musste er etwas tun. Er musste Tati und Mira auseinanderbringen. Tati musste einfach begreifen, dass Mira keine Freundin für sie sein konnte.

Er griff nach seinem Handy, las die letzten Einträge im Klassenchat. Tati hatte geschrieben. Probleme mit der Hausaufgabe. Und das um zehn Uhr abends. Gut, sie waren nachmittags in die Stadt gefahren, aber sie hatte im Unterricht nicht aufgepasst, weil sie mit Mira über Jos gelästert hatte. Den fand er ja auch schlimm. Aber damit verschwendete man doch nicht seine Zeit. Während er noch überlegte, was er Tati schreiben konnte, blinkte schon die nächste Nachricht auf. Mira. Mira hatte ihr schon die Lösungswege geschickt.

Immer wieder Mira. Überall drückte sie sich hinein. Es war nicht auszuhalten. Tom starrte auf sein

Handy, kniff die Lippen zusammen und ging wieder zum Fenster, um die Straße zu betrachten, die immer noch so leer war wie zuvor. Er überlegte gerade, ob er noch warten sollte, bis Gerold nach Hause kam, da sah er schon seinen Wagen in die Straße einbiegen. Er würde ihm einfach erzählen, wie sehr ihm diese Mira auf die Nerven ging.

Der Morgen war klar und kühl, als Hannah zur Bushaltestelle ging. Eine Woche war es noch bis zum Notenschluss. Noch eine Woche lernen, dann würden die Tage beginnen dahinzutröpfeln. Warum hatte sie nur keine Freundin, mit der sie wegfahren konnte?
Sie stieg in den Bus, der eine Viertelstunde zur Schule brauchte, und las sich noch einmal die Hausaufgaben durch. Dann steckte sie das Matheheft wieder ein und zog ihr Handy aus der Schultasche. Sie blickte auf das Display. 18 neue Nachrichten. Alle im Klassenchat.
Sie schüttelte den Kopf. Warum schreiben alle jetzt noch, wenn sie sich sowieso gleich sehen? Sie erstarrte, als sie die erste Nachricht von gestern Nacht gelesen hatte. Sie war um 23 Uhr ab-

geschickt worden. Fassungslos blickte sie auf das Display, las es immer wieder.

Was für eine widerliche Gemeinheit, dachte sie, was für ein Pfosten muss das sein, der so etwas geschrieben hat!? Und dann auch noch anonym. Wie ging das überhaupt? Sie hatte gedacht, dass in einem Klassenchat nur diejenigen schreiben dürfen, die angemeldet sind. Sie ließ das Handy sinken und blickte aus dem Fenster. Das würde richtig Ärger geben.

Der Bus hielt in der Haltebucht, die Türen öffneten sich, ihr Blick suchte Mira, mit der sie sich immer morgens an der Mauer neben den Fahrradständern traf.

Ja, da stand sie. Hannah kniff die Augen zusammen, versuchte in Miras Gesicht zu erkennen, wie sie auf die Beleidigung reagierte, aber sie war noch zu weit weg. Vielleicht hatte sie noch gar nicht auf ihr Handy geschaut, hatte die Nachricht noch gar nicht gesehen, wusste nicht, was passiert war. Immerhin, die meisten hatten sich mit Mira solidarisiert und sich gegen die Beleidigung gestellt.

„Morgen", sagte Hannah.

„Hallo", antwortete Mira ganz ruhig, als wäre nichts passiert.

„Hast du es gelesen?", platzte Hannah heraus.

„Schon", sagte Mira.

„Ich finde das gemein", sagte Hannah, aber Mira zuckte mit den Schultern.

5 Langsam kam Tati von der anderen Seite über den Vorplatz näher, Hand in Hand mit Tom, der sie wohl von zu Hause abgeholt hatte. Als sie Mira und Hannah sah, winkte sie und wollte zu ihnen, zog Tom mit sich, aber der gab ihr einen kurzen

10 Kuss und lief allein weiter.

„Das ist doch rassistisch, was der geschrieben hat", sagte Hannah, „stört dich das gar nicht?"

„Hallo Mädels, wie geht es?" rief Tati und legte ihre Schultasche auf die Mauer. „Haben alle Mathe

15 gelernt?"

„Du hast es fertiggekriegt?", fragte Mira.

„Ja! Klasse, vielen Dank, du kannst es einfach."

Mira lächelte.

„Ihr tut so, als sei nichts passiert", sagte Hannah,

20 „das verstehe ich überhaupt nicht. Alle haben sich über den Spruch aufgeregt."

„Fast alle", sagte Tati, „sogar der, der es geschrieben hat."

„Wer hat es denn geschrieben?", fragten Hannah

25 und Mira fast gleichzeitig.

„Das ist doch klar. Jos natürlich! Das ist die Rache für gestern. Außerdem kennt er sich mit Computern aus."

Hannah überlegte. Klar, es schien logisch, dass Jos diesen Spruch losgelassen hatte. Und dass er geschrieben hatte, dass Mira so schmutzig sei, dass Waschen nicht helfe, passte auch zu dem, was Mira und Tati ihm an den Kopf geworfen hatten. Eigentlich war es eine direkte Antwort auf die Sprüche von Tati und Mira.

„Aber er hat doch jetzt auch geschrieben, dass er es nicht gut findet."

„Nur Tarnung", sagte Tati, „wenn er gewollt hätte, dass es rauskommt, hätte er ja auch unter seinem Namen schreiben können."

„Das stimmt natürlich", sagte Hannah, war aber immer noch nicht ganz überzeugt.

„Kommt", sagte Mira, „gehen wir rein."

„Hat dich das nicht verletzt?", fragte Hannah.

Mira zuckte mit den Schultern. „Wirklich nicht?", bohrte Hannah weiter. „Ich wär stocksauer."

„Ich bin Deutsche", sagte Mira, „und nur weil ich einen indischen Vater habe, soll ich mich aufregen? Nö."

„Trotzdem", sagte Hannah.

Da trabte Jos an ihnen vorbei. Er beachtete sie nicht, den Kopf hielt er gesenkt, die Kappe tief ins Gesicht gezogen. Immerhin hatte er ein sauberes T-Shirt an.

5 „Schau ihn dir an", sagte Tati, „wenn er das noch mal macht, kriegt er richtig Ärger."

Sie folgten ihm langsam.

„Willst du mit ihm reden?", fragte Hannah.

„Was soll das bringen?", fragte Mira, „Schau, ich
10 bin hier aufgewachsen und ich höre mir schon mein ganzes Leben diese Sachen an. An meinem ersten Schultag, als ich mit der Schultüte aus der Schule gekommen bin, hat die Oma einer Mitschülerin zu mir gesagt, dass ich ein süßer Neger-
15 bub bin und dankbar sein soll, dass ich jetzt auch in die Schule gehen darf. Du sitzt in der S-Bahn, kommt ein Mann, der sagt, ich soll hier nicht den Leuten den Sitzplatz wegnehmen und gefälligst aufstehen. Und so weiter. Das zieht sich durch. Ich
20 kann mich nicht immer aufregen. Ich muss hier leben."

„Ich finde es schon schlimm", sagte Hannah.

„Ich möchte keinen Ärger, okay", Mira hielt die Tür auf, damit sie hinter ihr ins Schulhaus kamen.

„Es sind ja auch nur Sprüche", sagte Tati und Hannah dachte, dass es vielleicht tatsächlich das Beste wäre, nicht alles so wichtig zu nehmen: „Also sagen wir nichts."

5 Mira zuckte mit den Schultern. Als sie ins Klassenzimmer traten, wurde es kurz still. Alle sahen Mira an, aber als sie nicht reagierte, redeten alle wie zuvor weiter und beachteten sie nicht.

Nur Jos beobachtete Mira, die ihn aber nicht an-
10 sah. Er hatte den Schirm seiner Kappe nach hinten gezogen. Hannah konnte seinen Blick nicht einschätzen. Es steckte keine Wut in dem Blick und auch keine Schadenfreude. Er beobachtete sie, als wenn er selber gern wissen würde, was in ihr vor-
15 ging.

Den ganzen Vormittag überlegte Hannah, ob sie mit Jos reden sollte. Immer wieder blickte sie zu ihm hinüber, aber er ließ sich nichts anmerken. Wusste er überhaupt, dass er verdächtigt wurde?
20 Wenn jemand mit Computern so gut umgehen konnte wie Jos, dann musste er auch logisch denken können. Andererseits: Nur weil er in Informatik gut war, hieß das nicht, dass er sich Gedanken über andere Menschen machte.

Sie überlegte, ob sie ihrem Klassenlehrer davon erzählen sollte. Oder vielleicht sogar musste? Das war ja keine normale Beschimpfung. Vielleicht sollte sie zum Vertrauenslehrer gehen oder zum Schulpsychologen. Aber vielleicht nahm sie das alles auch zu wichtig und morgen war die ganze Sache vergessen.

Jos packte seine Schultasche und blickte in das Ablagefach seiner Bank. Seitdem er keine Schulbegleiterin mehr hatte, saß er allein. Er mochte es, allein zu sitzen, so konnte er sich besser konzentrieren. Unter dem Ablagefach war nur noch zerknülltes Papier, das er herauszog, um keinen Ärger zu bekommen. Als er wieder aufsah, erschrak er, weil vor ihm wie eine Riese Herr Geist stand. Herr Geist war der Schulpsychologe. Jos wusste nicht, ob der ihn mochte, aber er war in den vergangenen zwei Jahren, als er noch Symptome zeigte, immer wieder bei ihm gewesen.

„Hör mal", sagte Herr Geist, „ich hab erfahren, dass bei euch etwas Übles abläuft. Von wem ist egal, nur du wirst verdächtigt, den anonymen Beitrag geschrieben zu haben."

Vor ‚Beitrag' hatte er eine Pause gemacht, jetzt sah er ihn an. Jos war so überrascht, dass er nichts antworten konnte. Auf einmal fehlten ihm die Worte.

5 „Ich habe keine Beweise", sagte Herr Geist, „niemand hat die. Aber falls du es gewesen sein solltest", Herr Geist machte seine Pause diesmal vor dem Wort ‚solltest', „würde ich es unterlassen, so etwas noch einmal zu tun. Das bringt dir mehr ein
10 als einen Verweis", sagte er noch. Jos starrte ihn an. Er merkte, wie er nickte, obwohl er eigentlich nicht nicken wollte. Er starrte auf die graue Fläche der Schulbank und seine Gedanken begannen wieder zu arbeiten, drehten sich aber nur um eine
15 Idee: Ich muss ihnen zeigen, dass ich es nicht gewesen bin.

2 Verbotene Wege

„Wo willst du hin?", fragte Tati, als Tom vom Weg abbog. Er legte den Finger auf seine Lippen, nahm ihre Hand und zog sie auf einen schmalen Pfad, der vom Weg zum Badesee nach links abzweigte.

5 „Ich zeig dir was", sagte Tom, „und ich muss dich was fragen."
Der Pfad wand sich zwischen dichtem Gebüsch, dann standen sie an einem meterhohen Zaun.
„Ich dachte, wir gehen schwimmen", sagte Tati.

10 „Machen wir auch", sagte Tom und bog den Zaun an einer Stelle auseinander, sodass Tati hindurch-konnte. „Ist das nicht verboten?", fragte sie, aber Tom schüttelte den Kopf: „Hier ist niemand. Mein Bruder hat mir den Platz gezeigt. Der trifft sich

15 hier abends mit seinen Freunden."
Das Gebüsch wurde so dicht, dass es fast dunkel wurde. Erst nach einigen Metern öffneten sich die Zweige und sie standen an dem schmalen Ufer-streifen eines Baggersees. Die Wasserfläche kräu-

20 selte sich in einem hellen Blau. Nicht weit vom Ufer dümpelte ein Schwimmbagger, der gelbe Lack war abgeblättert, schwere Stahlseile verban-den ihn mit dem Ufer.

„Ich bin hier noch nie gewesen", sagte Tati. Langsam wateten sie ins Wasser. Schon nach einem Meter hatte sie keinen Boden mehr unter den Füßen.

5 „Nichts für kleine Kinder", sagte sie, als sie zu schwimmen begannen.

„Nichts für Weicheier", Tom schwamm langsam neben ihr auf den Bagger zu. Wenn sie drüben waren, würde er sie fragen, ob sie mit ihm in das

10 Sommerlager fuhr. Sein Bruder, den er gestern gefragt hatte, hatte nur die Achseln gezuckt. Wenn sie sich in die Gemeinschaft einfügt, warum nicht, hatte er gesagt.

Tom streckte einen Arm aus dem Wasser und

15 zeigte auf die Leiter: „Kannst du noch?"

„Natürlich", sagte Tati, „ich bin Turnerin. Ich habe mehr Muckis als die meisten Jungens in unserer Klasse."

Die anderen werden Augen machen, dachte Tom,

20 was er für eine Freundin hatte. Und sein Bruder erst.

Sie zogen sich an der rostigen Leiter nach oben, liefen auf der Plattform mit nackten Füßen über das heiße Metall. Tom war stolz, dass Tati nicht

25 jammerte, und zog die quietschende Türe der

23

Baggerkabine auf. Ein kleiner Kocher stand dort und hinter dem Sitz lagen Matratzen wie in einer Schiffskabine.

Vorsichtig legte er einen Arm um ihre Schultern, spürte sein Herz klopfen, überlegte, wie er anfangen sollte.

„Jetzt sind ja bald Sommerferien", sagte er langsam.

„Deswegen spinnen alle so", Tati sah auf die glitzernde Wasserfläche, „wie die ganze Klasse sich heute aufgeregt hat und die Lehrer erst."

Tati beugte sich nach vorne, schüttelte den Kopf: „Es war nicht nett, was Jos geschrieben hat. Aber so schlimm ist es doch auch nicht."

„Weiß man denn, dass es Jos war?", fragte Tom leise.

„Das ist doch klar. Mira hat ihn beleidigt und das war seine Antwort."

„Ich mag Jos nicht. Ein Angeber. Hat mal erzählt, dass er jeden Computer hacken kann", sagte Tom.

„Echt?", fragte Tati. Tom zuckte mit den Achseln.

„Mira hat eben dunkle Haut, da muss man so etwas einfach aushalten. Das ist doch die Realität", sagte Tati, „das kann man doch nicht wegdiskutieren."

„Mira mag ich auch nicht", sagte Tom unwillig. Er musste versuchen, auf die Sommerferien zurückzukommen, „sie ist eben anders und im Grunde ist sie hier ja nicht zu Hause. Sonst würde sie nicht die ganzen Ferien nach Indien fliegen."

„Sie ist auch eigentlich Hannas Freundin", sagte Tati.

„Ich verstehe auch nicht, dass du dauernd mit ihr zusammen bist. Sie hat keinen guten Charakter."

Tati nickte: „Ja, vielleicht. Weiß nicht. Ist mir auch egal. Gehen wir noch mal schwimmen?"

„Warte mal", sagte Tom, ohne sie anzusehen, „ich wollte dich was fragen."

Er merkte, wie sie sich langsam zu ihm drehte und ihn ansah.

„Ich meine", sagte Tom, „wir sind doch jetzt schon ein paar Wochen zusammen."

„Okay?", fragte Tati gedehnt.

„Jetzt sind doch Sommerferien und wir können uns dann nicht sehen."

„Finde ich auch schlimm", sagte Tati und legte ihren Kopf an seine Schulter.

„Ich habe mir gedacht, wir könnten was zusammen machen."

Tati zog die Augenbrauen nach oben.

„Ich fahre immer in ein Sommerlager nach Norddeutschland. Mit ziemlich guten Leuten. Es ist ein richtiges Lager an einem See. Ich habe mit meinem Bruder gesprochen, der in der Lagerleitung

5 ist. Also wenn du magst, kannst du gern mitfahren. Wenn du darfst ...“
Tati richtete sich auf und gab ihm einen kurzen Kuss.
„Das ist wirklich lieb, das wäre sehr schön.“

10 „Es sind auch Erwachsene dabei. Es sind nicht nur Ferien, es gibt auch Gesprächskreise. Wir überlegen uns, wie wir uns unser Leben vorstellen und unsere Zukunft. Und es gibt ein Open Air mit Bands aus ganz Deutschland.“

15 „Na ja“, sagte Tati und legte ihren Kopf wieder an seine Schulter, „ich bin ja dann sechzehn. Und wenn Aufsichtspersonen dabei sind – meine Eltern sehen das nicht so eng.“
„Wir müssen nur schnell sein, weil es gleich am

20 Anfang der Ferien stattfindet“, sagte Tom, dem von der schnellen Zusage fast schwindlig war.
„In der ersten Woche?“, fragte Tati.
„In den ersten zwei Wochen“, sagte Tom, „danach kannst du ja noch mit deinen Eltern wegfahren.“

„Nein", sagte Tati und richtete sich auf, „das ist nicht das Problem. In der ersten Woche ist mein Turncamp. Und da muss ich hin."

Tom schnürten ihre Worte den Atem ab. Er versuchte, ganz ruhig zu bleiben: „Kannst du nicht absagen?"

„Das Turncamp ist mein Leben", sagte Tati, „ich freue mich schon das ganze Jahr darauf. Es ist wichtig, damit ich weiterkomme. Tut mir leid, aber … verstehst du?"

„Gut", knirschte Tom, aber nichts war gut. Der Traum seiner Sommerferien zerplatzte. Was gerade noch greifbar nah war, schien nun unerreichbar fern. Zwei Wochen ohne Tati würde er nicht aushalten.

„Wir können uns schreiben und danach haben wir doch vier Wochen noch für uns", Tati strich über seine Wange, aber Tom schüttelte den Kopf. Starr blickte er an ihr vorbei. Das Glitzern des Sees blendete ihn, er schloss die Augen, wünschte sich, allein zu Hause in seinem Zimmer zu sein.

„Gehen wir", sagte er knapp. Tati nickte.

Langsam schwammen sie zurück. Tom voraus, ohne auf Tati zu warten, ohne sie anzuschauen.

Er hielt seinen Kopf unter Wasser, die Kälte tat

gut. Als sie das Ufer erreicht hatten, drehte er sich um und streckte den Arm aus, um Tati zu helfen. Sie schüttelte den Kopf und stieg allein nach oben. Nein, dachte er, ich gebe nicht auf. Sie wird

5 mit mir kommen. Koste es, was es wolle.

Zur selben Zeit bemerkte Jos nicht, dass seine Mutter in sein Zimmer gekommen war, in dem er seit dem Mittagessen vor dem Computer saß. Seine Mutter betrachtete sein bleiches Gesicht.

10 „Wir haben eine Abmachung. Nicht am Nachmittag", sagte sie.

„Ich muss was schauen", sagte er, blickte weiter auf die endlosen Zahlenreihen, die über den Bildschirm nach oben liefen.

15 „Aber doch nicht vier Stunden", sagte sie. Jos merkte nicht einmal, dass sich die Tür wieder schloss.

Es war nicht schwer gewesen, den Code zu knacken. Es gab tatsächlich ein Programm, das er mit

20 wenigen Änderungen für seine Zwecke nutzen konnte.

Die Adresse des Geräts, von dem die Nachricht im Klassenchat gesendet worden war, hatte er herausgefunden. Nun musste er noch wissen, wem es gehörte. Er hatte alle Geräte, die mit dem Klassenchat verbunden waren, gecheckt, aber niemandem aus der Klasse gehörte es. Aber eines war klar und das hatte nichts mit Informatik zu tun.

5 Derjenige, der den anonymen Beitrag geschrieben hatte, musste wissen, dass es den Chat gab und er musste einen aus der Klasse kennen. Natürlich hätte es auch einer aus der Klasse sein können, der sich über ein anderes Gerät eingehackt hatte,

10 aber das traute er niemandem zu. Jos lehnte sich zurück. Seine Finger zitterten. Er blickte zur Tür, ob seine Mutter noch da war. Er musste wissen, wer der Besitzer des Geräts war. Dazu musste er die Telefonnummer herausfinden und lokalisieren.

15 Das war nicht leicht, aber es ging um seine Ehre, sogar darum, ob er auf der Schule bleiben durfte. Niemand konnte beweisen, dass die Nachricht von ihm stammte. Aber das war gar nicht nötig, es genügte, dass er ein Motiv hatte, um ihn zu verurtei-

20 len. Aber bevor es dazu kam, würde er es wissen. Und wenn er die ganze Nacht vor dem Bildschirm sitzen würde.

Als am nächsten Tag die Schule aus war, war Hannah froh, dass sich die Situation beruhigt hatte.

Langsam ging sie durch die Aula mit Tati, die ihr erzählte, dass sie einen neuen Trainer hätten, der vielleicht mit ins Turncamp kam. Dann erzählte sie noch irgendetwas von Tom, aber Hannah hörte kaum zu. Sie hätte gern gewusst, wer es gewesen war, der Mira beleidigt hatte. Aber es würde wohl keiner mehr herausfinden. Niemand hatte anscheinend Lust dazu. Alle wollten nur an den See, es war ein richtiger Sommer dieses Jahr, jeden Tag über 30 Grad.

Ein Lehrer hatte gesagt, dass anonyme Beleidigungen feige seien und es rassistisch sei, jemanden aufgrund seiner Hautfarbe zu beschimpfen. Er wolle nicht weiter nachforschen, wer das geschrieben habe, aber wenn es noch einmal vorkäme, würde er Maßnahmen ergreifen. Hannah dachte an Jos. Eigentlich hatte er noch nie jemand anderen beleidigt. Dazu lebte er zu sehr in seiner Computerwelt.

„Fährst du an den See?", fragte Hannah.

„War ich gestern", sagte Tati, „mit Tom."

„Deswegen habe ich dich nicht gesehen", sagte Hannah.

„Ja", winkte Tati ab, als sei ihr das Gespräch unangenehm, „egal, ich habe heute Training."

„Ist irgendetwas mit Tom?", fragte Hannah.

„Ja – nein", sagte Tati, „ich muss noch unten mein Rad holen."

„Ich komme mit, sagte Hannah, „dann kannst du es mir erzählen."

Sie folgte Tati nach unten in den leeren Fahrradkeller. Aber als Hannah Tati weiter ausfragen wollte, blieben ihr die Worte im Hals stecken. Hinten an der anderen Seite sah sie Tom und Jos voreinanderstehen. Tom war fast einen Kopf größer und hatte die Arme angewinkelt und zu Fäusten geballt. Jos stand regungslos, schweigend, während Tom auf ihn einredete.

Tati hatte nichts bemerkt, weil sie in ihrer Tasche nach dem Fahrradschlüssel suchte. Hannah zog sie hinter einen Pfeiler und legte den Finger an die Lippen. Mit fragendem Gesicht schaute Tati Hannah an, blieb aber still. Sie hörten Tom sprechen, aber was er sagte, war nicht zu verstehen. Dann hörten sie, wie Jos aufschrie und plötzlich laute Schritte im Fahrradkeller hallten. Hannah beugte sich vor, Jos war verschwunden. Sie zog Tati aus dem Fahrradkeller durch die Tür, durch die sie gekommen waren, die Treppe nach oben und durch die Eingangshalle nach draußen. Geblendet standen sie im hellen Mittagssonnenlicht. Von Jos war nichts zu sehen. Langsam gingen sie zur Rampe hinüber, sahen Tom, wie er sein Fahrrad nach oben schob.

5 Er grinste, als er sie sah.

„Was war los?", fragte Tati und gab ihm einen Kuss.

„Was soll los sein?", fragte er.

„Im Fahrradkeller. Mit Jos", sagte Hannah.

10 Kurz verengte sich Toms Blick, als wollte er ihnen gleich vorwerfen, dass sie ihm nachspionierten, aber dann lächelte er Tati an: „Ich habe ihm endlich meine Meinung gesagt."

Hannah zog die Augenbrauen hoch.

15 „Der ist verrückt. Er will mir die Sache mit Mira in die Schuhe schieben. Ich habe ihm gesagt, dass ich aus ihm Kleinholz mache, wenn er nicht aufhört. Da hat er Angst gekriegt, der Arme, und ist weggelaufen."

20 „So ein Feigling", sagte Tati.

Hannah sah an Tom vorbei die Rampe hinunter.

„Sehen wir uns?", fragte Tom, der kurz Hannahs Blick begegnet war.

„Ich hab Training", sagte Tati.

25 „Und hinterher?"

32

„Hinterher gehen wir noch mit dem neuen Trainer Eis essen."

Sie drückte ihre Wange an seine: „Aber morgen habe ich Zeit."

5 „Gut", sagte er knapp und ohne Hannah noch einmal anzuschauen, schwang er sich auf sein Rad und bog hinter dem Vorplatz auf die Straße.

„Komisch", sagte Hannah.

„Wieso?"

10 „Das Ganze kommt mir komisch vor", sagte Hannah, aber sie wusste selbst nicht, was sie so störte.

„Ich finde das gut, dass Tom sich für uns einsetzt und Jos klarmacht, dass er das nicht machen

15 kann."

„Aber ...", sagte Hannah.

„Was hast du gegen Tom? Er ist total in Ordnung."

„Ich habe nichts gegen Tom", sagte Hannah, „ich finde es nur nicht gut, einen anderen Menschen

20 im Fahrradkeller zu bedrohen."

„Wenn es nicht anders geht?", sagte Tati. „Er ist eben nicht wie alle anderen, die immer kuschen. Er sagt seine Meinung und steht dazu. Das ist Selbstbewusstsein."

Hannah sah weiter vorne ihren Bus stehen, verabschiedete sich kurz und lief mit schnellen Schritten zur vorderen Tür. Sie suchte sich einen Platz und starrte aus dem Fenster. Selbstbewusst war
5 ihr Tom noch nie vorgekommen. Er war ein guter Sportler, aber kein Angeber. Düster, schweigsam war er. Wie eben jemand, der ohne Vater aufwuchs und darunter litt.

Aber Tati hatte sich verändert, seit sie so häufig
10 mit Tom zusammen war, das bildete sie sich nicht ein. Als ob sie sich vor ihm beweisen musste. Dauernd musste sie Tom verteidigen, hörte seltsame Deutschrockbands, die niemand kannte und deren düstere Musik gut zu Tom passte. Aber es konnte
15 ihr egal sein. Tati war noch nie ihre beste Freundin gewesen.

Da sah sie draußen vor dem Bus Jos stehen. Er stand neben dem Eingang vom Supermarkt und schaute zu ihr herüber. Er winkte nicht, sondern
20 schaute sie nur durch das Busfenster an. Als suche er Hilfe. Er machte noch immer den Eindruck eines kleinen Jungen mit autistischen Zügen, der nervte. Vielleicht machte er das alles, um endlich ernst genommen zu werden.

Beim Mittagessen hatte sie keine Lust zu reden, aber gerade weil sie nichts sagte, redete ihre Mutter auf sie ein, wollte wissen, was los sei: Ob sie ein schlechteres Zeugnis als erwartet bekäme,

5 Liebeskummer oder Streit mit einer Freundin oder sonst etwas getan hätte, was sie bereute ... Hannah schüttelte den Kopf, aber dann erzählte sie doch von dem Chat und der anonymen Nachricht, obwohl sie wusste, wie ihre Mutter reagieren wür-

10 de. „Ein weiterer Grund, euch endgültig die Handys wegzunehmen", sagte sie, „misch dich nicht überall ein. Das führt zu gar nichts."

„Ich bin Klassensprecherin, Ma", sagte Hannah.

„Aber nur noch vier Wochen", sagte ihre Mutter.

15 Hannah hob die Hände, war froh, dass sie nichts von der Begegnung im Fahrradkeller erzählt hatte. Sie stand auf, trug ihren Teller in die Küche und beschloss, dass sie mit jemandem darüber reden musste. Kurz überlegte sie, ob sie Jos anrufen soll-

20 te, aber sie verwarf die Idee. Sie kannte ihn ja kaum. Sie rief Mira an und da Mira nichts vorhatte und Tati beim Turnen war, würden sie am See ungestört sein.

Sie lagen nebeneinander auf ihren Handtüchern und blickten in den blank gefegten blauen Himmel. „Hast du es deinen Eltern erzählt?", fragte Hannah.

„Wenn mein Vater davon erfährt, dann gibt er kei-
5 ne Minute mehr Ruhe, bis er herausgefunden hat, wer es war und warum. Er ist da sehr empfindlich. Er ist ja aus Indien gekommen und hat einiges mitgemacht."

„Echt?"

10 Mira drehte sich auf die Seite und erzählte, dass sie früher in einem Reihenhaus gewohnt hätten, wo sie schikaniert worden waren. Ihren Hund durften sie nicht in den Garten lassen. Zuerst hielten sich ihre Eltern daran, aber als die Nachbarin sag-
15 te, sie würde den Hund erschießen, sind sie weggezogen. Es ging nicht um den Hund, sie wollten keine Ausländer neben sich wohnen haben.

„Kann ich mir gar nicht vorstellen, dass es so etwas gibt. Hast du das selber miterlebt?"

20 „Ich weiß es nicht mehr. Mein Papa hat es mir erzählt. Meine Mama ist dort auf der Straße angesprochen worden, warum sie einen Ausländer geheiratet hat."

„Und hier?" Hannah erhob sich, stützte sich mit
25 den Armen ab.

„Hier ist es besser", sagte Mira, „aber es ist komisch, wenn du trotzdem immer das Gefühl hast, dass du anders bist, obwohl du dich nicht anders fühlst."

5 „Verstehe ich", sagte Hannah und überlegte, ob sie Mira vom Fahrradkeller erzählen sollte. Aber außer Mira hatte sie niemanden, mit dem sie darüber sprechen konnte.

„Glaubst du, dass es Jos war?", fragte sie irgend-
10 wann.

„Tati glaubt das, nicht ich. Ich habe keine Ahnung."

„Okay", sagte Hannah ganz langsam.

„Ich habe nichts gegen Jos", sagte Mira, „auch
15 wenn er mich nervt."

„Ihr habt ihn beleidigt", sagte Hannah, „und du hast mitgemacht."

„Ja", sagte Mira, „war nicht okay, aber es war Tatis Idee."
20 „Und warum hast du mitgemacht?"

„Weil, vielleicht weil Tati endlich mal wieder nett war und ich dachte ... In letzter Zeit weiß Tati immer alles besser, hat sofort eine Meinung und ein Urteil."
25 „Das liegt an Tom, oder?"

„Tom will cool sein, aber es ist nur gespielt. Das Einzige, was er richtig gut kann, ist Sport und das findet Tati natürlich toll."

„Jetzt bist du wie Tati."

5 „Der hat auch so einen furchtbaren Bruder, der sich als Vater aufspielt", Mira schüttelte sich, dann richtete sie sich auf und stützte sich mit ihren Ellbogen auf Hannahs Schulter: „Früher waren wir richtige Freundinnen – unzertrennlich. Aber seit

10 Tati mit Tom zusammen ist, kann man mit ihr nichts mehr anfangen."

Hannah zuckte mit den Schultern. Vielleicht war das jetzt einfach so. Wenn Mira einen Freund hätte oder sie selbst, wäre es wahrscheinlich nicht

15 anders. So ging alles auseinander. Es war schade, dachte sie, dass sie kein Klassenfest mehr machten.

„Ich glaub auch nicht, dass es Jos war", sagte sie vor sich hin.

20 „Jetzt denk mal an was anderes."

Aber Hannah hatte das Gefühl, dass die Sache noch nicht zu Ende war. Sie hatte noch immer den Schrei von Jos im Ohr.

3 Gefährliche Einmischung

Tom saß in seinem Zimmer, starrte auf den Bildschirm, während unten im Wohnzimmer der Fern-
seher lief. Die Stimmen redeten schneller, als er
folgen konnte. Dazwischen waren immer wieder
5 Lachsalven, Klaviermusik zu hören. Auf dem Display seines Handys blinkte seit fast einer Stunde
eine Nachricht von Tati. ‚Hallo Schatz' stand in der
ersten Zeile, aber er hatte sie noch nicht angeklickt, um weiterzulesen.

10 Tom musste erst überlegen. Als er am Café vorbei-
gefahren war, hatte er es sofort gesehen. Der
Mann hatte neben ihr gesessen. Und Tati hatte ihn
angestarrt. Die ganze Zeit, während er an dem
Café vorbeifuhr. Sie war zu beschäftigt gewesen,
15 um ihn zu bemerken.

In seinem Kopf drehten sich die Gedanken. Kein
Wunder, dass sie nicht mit ins Sommerlager wollte, wenn sie den neuen Trainer anhimmelte. Er
hatte gute Lust, mit ihr Schluss zu machen, aber
20 allein der Gedanke daran schmerzte bereits. Vielleicht hatte sie sich in ihren neuen Trainer verliebt.
Tom seufzte. Dann tippte er aber doch auf die
Nachricht.

„Magst noch vorbeikommen? Ist schön warm und wir könnten draußen sitzen."

Tom sog Luft in sich hinein. Erleichtert, sie noch sehen zu können, mischte sich gleich wieder Wut unter seine Gedanken, dass sie nur an das schöne Wetter dachte, während er sich seit Stunden über ihr Verhalten mit dem neuen Trainer ärgerte.

„Okay, fahre gleich los", tippte er und drückte auf Senden, ohne ein Herz oder Smiley angeklickt zu haben. Sie sollte ruhig merken, dass nicht alles in Ordnung war.

Seiner Mutter im Wohnzimmer rief er zu, dass er gleich wiederkäme. „Hast du Gerold gefragt?"

„Gerold ist nicht da", gab Tom zurück

„Mach aber keinen Unsinn!", rief sie zum Abschied. Während er das Fahrrad aus der Garage holte, dachte er, dass es besser wäre, wenn Tati nicht merkte, dass er sie im Eiscafé beobachtet hatte. Er schwang sich auf sein Fahrrad. Er würde schon herausbekommen, was sie von diesem Typen wollte.

Eine Viertelstunde musste er zu ihr fahren. Sie wohnte in der Gartensiedlung auf der anderen Seite der Bahn. Ihr Vater verdiente genug Geld, um sich das leisten zu können. Wenigstens hatte

Toms Mutter das Haus von ihren Großeltern geerbt, sonst hätten sie nach Vaters Tod auch noch in eine Wohnung ziehen müssen. Jetzt mussten sie nur sparen.

5 Er bog in die kleine Sackgasse ein, stellte das Fahrrad unter eine Straßenlaterne, ging die letzten Meter zu Fuß und schickte Tati eine SMS. „Komme", schrieb sie zurück.

Leise öffnete sich die Haustür und Tati huschte 10 hinaus. Kurz fragte sich Tom, ob sie das mit Erlaubnis ihrer Eltern machte oder nicht, aber es war ihm dann auch egal.

Sie hatte noch nasses Haar, das kühl sein Gesicht berührte, als sie ihm einen Kuss gab: „Warum hast 15 du nicht früher geantwortet? Ich dachte, du kommst nicht mehr. Da bin ich schon ins Bad."

„Hab's erst gerade gesehen gehabt", log Tom und legte einen Arm um sie.

Langsam gingen sie die Straße entlang zu einer 20 Bank.

„Was hast du gemacht?", fragte Tati.

„Ich war unterwegs", sagte er unbestimmt. Kurz überlegte er, dann fragte er noch einer kurzen Pause: „Wie war das Training?"

25 „Gut", sagte Tati vorsichtig.

„Erzähl doch mal", Tom hatte gemerkt, wie sie zögerte, „der neue Trainer. Wie war der?"
Er hatte den Satz gesprochen, ohne zu zittern, ganz natürlich hatte er geklungen, fand Tom.

5 „Nett", sagte Tati leichthin, aber das ließ Tom aufhorchen. Er würde nicht lockerlassen, bis er herausgefunden hatte, warum Tati nichts erzählte.
„Erzähl doch", sagte Tom, „lass dir nicht alles aus der Nase ziehen."

10 Tati lehnte sich an ihn und streichelte seine Wange: „Ich weiß doch auch noch nicht so viel über ihn, er ist erst seit Kurzem da. Aber er ist wirklich gut. Wenn er uns den ganzen Sommer trainiert, dann können wir im Herbst zur Meister-

15 schaft richtig was", sagte sie träumerisch.
„Aber dann fährst du nicht ins Turncamp, wenn er euch trainiert."
„Wieso? Er fährt natürlich mit, er ist ja jetzt der zweite Trainer der Wettkampfklasse Jugend A

20 weiblich."
Tom richtete sich auf und seine Stimme klang verzweifelt: „Hey, ich will das nicht. Ich will mit dir ins Sommerlager fahren. Ich muss da hin und du bist meine Freundin und du sollst mitkommen. Da

25 brauchst du doch nicht ins Turncamp. Die Freun-

dinnen von meinem Bruder sind auch immer ins Sommerlager mitgefahren."

„Ach Tom", sagte Tati, „es sind nur zwei Wochen und es ist eine Riesenchance. Er hat während sei-

5 nes Studiums in Russland Turnen trainiert – im Leistungszentrum der Olympiamannschaft. Ich muss da mit! Verstehst du das nicht?"

„Ist er Russe?", fragte Tom dumpf – nur um irgendetwas zu sagen, was seine Verzweiflung

10 überspielte. Er legte seinen Kopf zurück, sah wieder Tati, die sich nicht von ihm abwendete.

„Latif spricht Russisch", sagte sie. Dann sah sie seinen Gesichtsausdruck. „Du musst nicht eifer- süchtig sein. Es geht ums Turnen. Er käme doch

15 überhaupt nicht für mich infrage."

„Latif", sagte Tom, „nicht gerade ein russischer Name."

„Ich glaube, er ist kein Russe", sagte Tati, um ihn abzulenken, „er hat da nur studiert. Er ist irgend-

20 wo aus dem Süden."

„Hat auch ganz schön dunkle Haut für einen Rus- sen", sagte Tom.

Tati zuckte mit den Schultern: „Mir ist das egal. Ich will ja Turnen."

Dann stand sie auf. Plötzlich hatte sie keine Lust mehr, weiter darüber zu reden. Was hatte Tom überhaupt für einen Grund, sie so zu behandeln. Wenn er sie liebte, dann musste er es akzeptie-

5 ren. Sie beobachtete Tom, wie er mit verschränkten Armen auf der Bank saß und grübelte. Auf jeden Fall würde sie ins Turncamp fahren. Da konnte er sich querstellen, wie er wollte. Sie setzte sich auf seinen Schoß, legte ihre Arme um ihn: „Es sind

10 ja noch ein paar Wochen bis dahin. Wer weiß, was noch passiert."

„Ja", sagte Tom, „ich mag es nur nicht, wenn du weg bist."

„Was denn los mit dir?", fragte Gerold am nächs-

15 ten Morgen beim Frühstück, „du schaust ja, das ist ja kaum zu ertragen."
Ihre Mutter stellte den Toast und die Glaskanne aus der Kaffeemaschine auf den Tisch. Immer wieder waren ihm in der Nacht Tatis Worte durch

20 den Kopf geschossen. Er hatte noch den Klang ihrer Stimme im Ohr, wie sie begeistert von diesem Latif geredet hatte. In der Nacht, nachdem Tom von Tati zurückgekommen war, hatte er noch

im Internet nachgeschaut: Latif war ein arabischer Name und bedeutete „nett".

„Die haben einen neuen Trainer hier im Turnverein", sagte Tom schließlich, „eine ganz komische Sache. Irgendeiner, der wie ein Araber aussieht und einen arabischen Namen hat, aber russisch spricht."

„Du turnst doch gar nicht", sagte seine Mutter.

Tom sah sie kurz an. Vor Gerold war es besser, nicht zu erzählen, dass Tati im Turnverein war und wegen des neuen Trainers nicht ins Sommerlager fahren wollte.

„Die sind jetzt überall in den Sportvereinen", sagte Gerold, „überall."

„Der trainiert die Mädchen", sagte Tom, „irgendwie komisch."

„Das geht ja gar nicht", sagte Gerold, „da muss man doch was dagegen tun. Ich schaue mir das mal an."

„Früher hatte man Trainerinnen", sagte ihre Mutter, „aber jetzt ist das alles egal."

Tom stand auf, froh, dass er den Frühstückstisch verlassen konnte und nicht mehr erzählen musste. Er holte seine Schultasche aus seinem Zimmer.

Als er am Frühstückstisch vorbeikam und seiner

Mutter, die bei Gerold saß, zum Abschied winkte, sagte Gerold: „Wenn du Hilfe brauchst, musst du nur was sagen, das weißt du."

„Ja", sagte Tom, aber er war sich nicht sicher, wo-
5 bei er Hilfe brauchen könnte. Im Augenblick war er ohne Hoffnung. Wenn Tati ihren Kopf durchsetzen wollte, konnte er nichts tun.

„Man muss sich ja nicht alles gefallen lassen", sagte Gerold und grinste.

10 Am Abend saß Jos in seinem Zimmer und tippte Zahlenkombinationen in die Tastatur. Seitdem er das Passwort von Toms Bruder geknackt hatte, konnte er über dessen E-Mail-Account in alle Chats und Gruppen eindringen. Jos wusste, dass
15 er aufpassen musste und keine Spuren hinterlas-sen durfte. Wenn sie mitkriegten, dass er den Account gehackt hatte, wäre er in höchster Ge-fahr. Aber er hatte damit begonnen und konnte jetzt nicht mehr aussteigen. Er würde Tom nicht
20 verraten, er würde schweigen. Aber er musste trotzdem wissen, was sie vorhatten. Es war ein Fehler gewesen, Tom zu sagen, dass er wusste, wer die Beschimpfung von Mira in den Klassen-chat gestellt hatte. Er schüttelte den Kopf, als

könnte er damit das, was im Fahrradkeller passiert war, vergessen machen. Vor ihm erschienen die Einträge, die Toms Bruder unter falschem Namen veröffentlicht hatte, dazwischen E-Mails und

5 Newsletter, dann wieder Onlinekommentare, die er bei verschiedenen Zeitungen unter verschiedenen Namen gepostet hatte. Jos fragte sich, ob Tom wusste, was sein Bruder alles ins Netz stellte. Er klickte sich von Eintrag zu Eintrag, bis er wieder

10 beim aktuellsten Eintrag angelangt war.

Es war eine E-Mail an den Vorstand des Sportvereins. Kurz davor hatte er einen Eintrag auf der Facebook-Seite der Turnabteilung hinterlassen. Kurz vor 18 Uhr:

15 #Seit wann darf ein Araber Mädchen in einer Turnabteilung trainieren? Bei der Einstellung gegenüber Frauen ist das völlig unverantwortlich.

Drei Minuten später kamen die ersten Antworten, von denen aber gleich die zweite von ihm selber

20 stammte. Gleichzeitig bekam diese Nachricht acht Likes.

#Davon wusste ich gar nichts. Gab es einen Trainerwechsel? Hat Biggi aufgehört?

#Finde ich auch schlimm. Wo kommen wir da hin?

#Es gibt keinen Trainerwechsel. Ich bin weiterhin Trainerin. Biggi.

Einige Minuten blinkte es nicht. Dann plötzlich um 19 Uhr kamen immer mehr Reaktionen. Die einen beschwerten sich, nicht informiert worden zu sein, die anderen fanden es nicht gut. Die Nachricht von Biggi, dass Latif doch nur der Co-Trainer sei und Biggi nach wie vor das Training leitete, wurde von niemandem beachtet.

Eine halbe Stunde später wurde es ruhiger, aber als ein Eintrag fragte, ob denn Latif mit den Mädchen auch ins Turncamp fahren würde, ging es wieder los. Toms Bruder schrieb unter falschen Namen:

#Das geht nicht!!! Das sind minderjährige Mädchen. Ich will nicht, dass sie angefasst werden und von einem Moslem schon gar nicht.

Ein anderer antwortete: #Es geht doch ums Turnen. Nicht um Religion.

#Eben deswegen. Als ob es keine deutschen Trainer gibt.

Jos fragte sich, wer die Kommentare schrieb. Die Turnerinnen wohl kaum. Eltern vielleicht, aber er hatte das Gefühl, dass einige gar nichts mit dem Turnverein zu tun hatten. Die Namen, unter denen sie schrieben, hatten nichts Persönliches. Es waren seltsame Namen wie „freigeist", „witzbold" oder „circle".

Eine Viertelstunde später wurde es ruhiger. Als
5 hätten alle ihre Meinung abgegeben. Da niemand widersprach oder etwas sagte, worauf man hätte antworten können, kamen nur noch einzelne Nachrichten herein.

Jos klickte sich zu den Mails durch und suchte die
10 Mail an den Sportverein. Sie war unter dem Namen „Andreas E." über einen anderen Account abgeschickt worden:

In der Betreffzeile stand: ‚Asylanten beim Turnverein'.

15 Darunter schrieb er, dass es zu viele Asylanten beim Turnverein gäbe und dass die Deutschen das nicht mehr wollten. „Aufhören damit und wegschicken. Sonst geschieht noch was."

Drei Ausrufezeichen standen dahinter. Jos schüt-
20 telte den Kopf. Er las weiter, obwohl er keine Lust mehr hatte. Eine Mail war anscheinend an einen Freund gerichtet. In dieser schrieb er unter seinem richtigen Namen, dass man auch noch andere Möglichkeiten habe, wenn der Verein nicht reagiere
25 und diesen Latif „rausschmeiße".

Andere Möglichkeiten. Jos überlegte. Was auch immer mit den anderen Möglichkeiten gemeint war, er musste Latif warnen. Er klickte sich noch einmal auf die Vereinsseiten zurück, um zu erfahren, wann er Latif beim Training treffen konnte.

Am nächsten Nachmittag war Tati ziemlich überrascht, als Tom vor ihr stand.

„Klar kannst du mich begleiten, aber zusehen ist nicht erwünscht." Sie drückte ihm einen Kuss auf die Backe.

„Warum nicht?", fragte Tom, „ich will dir ja nur beim Turnen zusehen. Ich bin doch dein Freund."

„Es ist nicht erlaubt", sagte Tati, „nicht einmal die Eltern dürfen das. Deswegen gibt es doch Turniere und Schauturnen."

„Aber dieser Latif darf", schimpfte Tom.

„Der ist doch Trainer", Tati schüttelte den Kopf, „ich habe die anderen gefragt: Er ist Syrer und hat in Moskau ein Stipendium gehabt. Da hat er geturnt. Er war so begabt, dass er im Leistungszentrum trainieren durfte. Das ist in Russland etwas ganz Besonderes, weil sie ..."

Sie merkte, dass ihr Tom nicht mehr zuhörte. Schweigend gingen sie nebeneinander her. Tom schob sein Fahrrad und starrte vor sich auf den Bürgersteig. Tati schaute ihn von der Seite an. Ihr wäre es ja auch lieber gewesen, wenn es ein richtiger Russe wäre, der sie trainierte.

5 Sie legte ihre Hand auf seine Schulter: „Es ist vor allem auch noch nicht sicher, ob er ins Turncamp mitfahren darf. Ein paar Eltern haben sich ziemlich beschwert."

„Ich finde das auch nicht gut. Du weißt doch gar
10 nicht, was der wirklich machen will. Der ist Moslem. Syrer. Vielleicht plant der ein Attentat."

„Wieso sollte er? Der ist wirklich nett und spricht sehr gut Deutsch."

„Schau dir doch die Fotos von Attentätern an. Die
15 sehen alle nett aus. Ich möchte nicht, dass dir was passiert. Du kannst denen nicht vertrauen."

„Hm", sagte Tati, „meine Eltern finden das nicht schlimm."

„Aber ich", sagte Tom, „und ich bin dein Freund."
20 Sie waren vor der Turnhalle angelangt.

„Wir werden ja sehen", sagte Tati.

„Ich warte auf dich, ich hole dich ab."

Tati runzelte die Stirn. „Na gut, bis dann", sagte sie, drehte sich um und lief die Stufen hinunter
25 zum Eingang.

Tom sah ihr nach. „Das kriege ich schon hin",
dachte er und überlegte, was er in der Stunde tun
sollte, während Tati trainierte.
Er wollte nicht nach Hause fahren oder in die Eis-
5 diele gehen, also setzte er sich auf den Fahrrad-
ständer und wartete. Aber der Gedanke, dass Tati
in der Halle mit Latif trainierte, ließ ihm keine
Ruhe. Es musste doch möglich sein, in die Halle zu
blicken. Langsam begann er, um die Halle zu ge-
10 hen. Aber es gab keine Fenster. Die Lüftungsöff-
nungen waren zu weit oben. Ist ja auch gut so,
dachte er, sonst könnten ja alle hineinstarren. Als
er die Halle fast umrundet hatte und wieder an
der Straße stand, sah er die Feuertreppe. Er blickte
15 an dem Eisengestänge nach oben. Sie führte zu
einer Glastür von der aus man bestimmt in die
Halle sehen konnte. Über den unteren Stufen hing
ein Schild: „Betreten verboten". Er blickte sich um,
stieg dann die ersten Stufen nach oben, wo eine
20 Tür den Aufgang sicherte. Er rüttelte an ihr, sie
ließ sich aber nur von innen mit einem Riegel öff-
nen. Tom sah sich um. Für ihn war es ganz leicht,
an der Außenseite um die Tür zu klettern. Solche
Sachen hatten sie im Sommerlager geübt. Es war
25 nicht einmal sehr hoch. Wenn er sich tatsächlich

52

nicht halten konnte oder wegrennen musste, konnte er von hier auch springen.

Wieder sah er sich um. Aber der Vorplatz der Halle war leer. Und die Autos an der Straße dahinter fuhren so schnell, dass sie ihn gar nicht wahrnehmen konnten. Er kletterte über das Geländer und hangelte sich an den Metallstäben der Außenseite vorbei, zog sich hoch und stand auf der Feuertreppe. Schnell stieg er die Metalltreppe nach oben.

Nach zwei Treppenabsätzen stand er an der Glastür, die einen Knauf hatte. Er stellte sich unauffällig an eine Seite, das Glas spiegelte, er lehnte sich vor und hielt eine Hand an das Gesicht. Ja, er konnte hineinsehen. Er kniff die Augen zusammen. Hinten auf einer Bank sah er eine Reihe Mädchen sitzen, aber Tati konnte er nicht erkennen. Die Mitte der Halle war schon nicht mehr zu sehen. Er lehnte sich zurück, es strengte an, mit zusammengekniffenen Augen durch die Glasscheibe etwas erkennen zu wollen. Er drückte wieder seinen Kopf gegen das Glas, aber die Mädchen hatten sich anscheinend nicht bewegt und ein Trainer war nirgends zu entdecken.

Er lehnte sich zurück an die Wand, versuchte, den Knauf der Glastür zu drehen. Aber er ließ sich

nicht bewegen. Dann schaute er an der Wand entlang, ob er seitwärts durch ein Fenster eindringen
konnte, wie sie es beim Sommerlager an einer Ru-
ine ausprobiert hatten. Aber es gab kein Fenster.

5 Die Halle bekam nur von den Lüftungsfenstern
oben Licht und da hätte er zumindest ein Seil
gebraucht, um hinaufzukommen. Noch einmal
starrte er durch das Glas. Dann entschloss er sich,
den Rückweg anzutreten.

10 Aber als er sich von der Glastür abwandte, sah er,
wie jemand über den Platz auf die Turnhalle zu-
ging. Mit schnellen Schritten und einer Baseball-
kappe auf dem Kopf. Dieser Gang, das konnte nur
Jos sein. Jos ging direkt auf den Eingang der Turn-

15 halle zu. Jos – was wollte der hier? Ohne nachzu-
denken, sprang Tom die Stufen hinunter bis kurz
vor die Feuertreppentür. Jos hatte fast den Eingang zur Turnhalle erreicht, als er hörte, dass jemand über ihm war.

20 „Hey", schrie Tom, „was willst du hier?" Er sprang
auf das Geländer und von dort nach unten. Jos
drehte sich um und begann, über den Platz zu
rennen. Als er die Straße fast erreicht hatte, sah er
sich noch einmal nach Tom um, der ihm gefolgt

25 war. Dann lief er weiter, auf die Straße zu.

Als er den Knall hörte, blieb Tom stehen und schloss die Augen, öffnete sie erst wieder, als er fremde Stimmen hörte.

Er sah, wie zwei Autos hielten, die Fahrer ausstie-
5 gen und sich über Jos beugten, der auf der Fahr-
bahn lag. Tom starrte auf die Szene, ohne irgend-
etwas denken zu können, drehte sich langsam um und ging zu seinem Fahrrad. Noch einmal blickte er sich um, dann fuhr er um die Halle herum auf
10 einem Feldweg in die andere Richtung, bis er die Sirene eines Krankenwagens hörte.

Er war schon hinter dem Feld fast wieder auf der anderen Seite im Ort, als ihm einfiel, dass er ja Tati abholen wollte. Er überlegte, zurück zur Halle
15 zu fahren, entschloss sich dann aber, Tati eine Nachricht zu schreiben, dass er für seine Mutter etwas erledigen musste und gleich wieder gefahren sei.

4 Auf der Suche

Drei Tage waren seit Jos' Unfall vergangen. Drei Tage, in denen viel passiert war. Herr Geist war zweimal in der Klasse, um zu fragen, wer sich denn vorstellen könne, warum Jos zur Turnhalle
5 gegangen war und was ihn schließlich dazu gebracht hatte, über die Straße zu laufen, ohne auf den Verkehr zu achten. Niemand meldete sich, niemand wusste etwas. Es gab auch vor Ort keine Zeugen. Einmal sahen sie vom Klassenzimmer aus
10 ein Polizeiauto vor der Schule stehen, aber es war nicht herauszubekommen, ob die Polizei wegen Jos' Unfall an die Schule gekommen war. Herr Geist sagte, dass die Eltern von Jos auch keine Idee hätten, was Jos dort gesucht hatte. Tati
15 meinte in einer Pause zu Hannah, dass Jos wahrscheinlich krank sei und man deswegen nicht herumzurätseln bräuchte. Tom, der dabeistand, nickte bedächtig.

Tom war seit einigen Tagen etwas bleicher im Ge-
20 sicht, aber das bemerkte Tati nicht, denn sie hatte andere Sorgen. Es gab Streit um das Turncamp. Immer mehr Eltern erklärten, dass sie nicht wollten, dass Latif als Trainer mitfuhr. Andere Eltern

sprachen sich dafür aus. Den meisten war es egal. Da aber die Eltern, die es nicht wollten, sogar eine Versammlung forderten, hörte der Streit darum nicht auf. Tati war inzwischen bereit, auf Latif zu

5 verzichten. Schließlich hatte es früher ja auch Turncamps ohne Latif gegeben.

Jos musste operiert werden, hatte aber glücklicherweise keine Kopfverletzungen erlitten. Drei Tage nach seinem Unfall konnte er wieder Besuch

10 empfangen. Als ein Lehrer fragte, wer denn Jos besuchen würde, meldete sich niemand. Hannah als Klassensprecherin blieb nichts anderes übrig, aber in dem Moment, in dem ihre Hand nach oben wanderte, wusste sie, dass sie etwas richtig

15 machte. Dankbar sahen die anderen sie an. Aber nicht deswegen freute sie sich auf einmal auf den Besuch im Krankenhaus. Sie hatte das Gefühl, etwas Wichtiges tun zu können.

Jos lag im Krankenbett und konnte sich kaum be-

20 wegen. Ein Bein war eingegipst und hing an einer Schlaufe über dem Krankenbett. Beide Arme waren verbunden, sein Gesicht geschwollen, sodass er kaum sprechen konnte.

Hannah setzte sich auf einen Stuhl neben sein Bett und überlegte, was sie sagen konnte. Aber bevor sie etwas sagen konnte, bewegte Jos die Lippen und sprach einige Worte, die Hannah über-
5 haupt nicht verstand. Sie musste sich nach vorne beugen, ihr Ohr neben seinen Mund halten. Kurz stockte er, dann redete er weiter. Jetzt verstand sie seine Worte besser. Jos wollte jemanden warnen. Aber wen und warum, das verstand sie nicht.
10 „Wen?", fragte Hannah.
Jos Lippen öffneten sich, aber er konnte den Namen nicht aussprechen. Hannah nickte und sagte, dass sie in zwei Tagen wiederkäme. „Viele Grüße von allen", sagte sie, „und gute Besserung."
15 Gerne hätte sie seine Hand gedrückt, aber sie wagte nicht, die Finger zu berühren, die aus dem Verband herausschauten. Sie stand auf und winkte ihm noch zu, bevor sie ging.

Die neue Nachricht im Klassenchat kam am sel-
20 ben Nachmittag, an dem Hannah Jos besuchte. Niemand reagierte darauf. Es war, als hätten die Worte alle sprachlos gemacht.
In der Nachricht stand, dass Mira in Indien bleiben solle, wo sie hingehöre. Es musste jemand ge-

schrieben haben, der wusste, dass Mira nach
Indien flog.
Hannah war die Erste, die schrieb:
#Warum sagt niemand was? So eine Frechheit.
5 Natürlich soll Mira zurückkommen!
Zögernd folgten die ersten Nachrichten:
#Auf so einen Unsinn antworte ich erst gar nicht.
#Genau. Soll er doch schreiben, was er will.
Dann war es ruhig. Kein Blinken, keine Nachricht.
10 Nichts mehr. Hannah überlegte, einen neuen Klassenchat zu eröffnen, aber da sie nicht wusste, wer
der Täter war, wäre er wieder dabei, wenn er aus
der Klasse kam.

„Ich verstehe nicht, dass Jos sogar aus dem Kran-
15 kenhaus so etwas schreibt", sagte Tati, als sie am
frühen Abend in der Eisdiele saßen.
„Er hat es nicht geschrieben", sagte Hannah.
„Das glaubst du", sagte Tati. „Woher willst du das
wissen?"
20 „Weil er mit seinem Verband nicht schreiben
kann", sagte Hannah.
„Ich glaube gar nichts mehr", sagte Tati, „Tom
sagt auch, dass du nichts mehr glauben kannst.
Vor allem nicht, was im Fernsehen kommt.

Die belügen dich, wo sie nur können. Vielleicht war es ja sogar Mira selber. Vielleicht will sie nur Aufmerksamkeit bekommen."

Hannah schüttelte den Kopf.

5 Sie verstand nicht, warum Tati das sagte.

„Aber ich habe gesehen, dass seine Hände verbunden sind und kein Handy neben ihm lag", sagte Hannah.

„Vielleicht hatte er es versteckt. Oder es jeman-

10 dem diktiert."

„Was hast du gegen Jos?"

„Er hat gesagt, dass es Tom war. Das ist das Allerletzte!"

Hannah dachte nach, aber bevor sie ihren Gedan-

15 ken zu Ende brachte, sagte Tati:

„Tom tut niemandem was. Ich verstehe nicht, wie man auf so etwas kommt, dass er es war. Da verstehe ich keinen Spaß."

„Und warum soll es Mira gewesen sein?"

20 „Mira ist wie Jos. Tom sagt auch, dass man ihr nicht vertrauen kann. Sie mäkelt an allem rum. Redet schlecht über andere. Ganz typisch."

„Typisch für was?"

Tati zuckte mit den Schultern: „Sie ist eben nicht

25 wie wir. Und Jos ist selbst schuld. Was macht der

überhaupt an der Turnhalle, ich finde das schon sehr seltsam."

Hannah starrte sie an. Was redete sie da? Wie konnte sie kein Mitleid haben? Hannah hatte keine Lust, mit ihr weiter zu reden, sie drang mit ihren Worten nicht zu ihr durch.

„Ich muss gehen", sagte sie deshalb schließlich, stand auf und ließ Tati allein sitzen. Sie schwang sich auf ihr Fahrrad und fuhr so schnell es ging, ohne sich umzusehen, die Straße entlang, ohne Plan, wo sie eigentlich hinfahren wollte. Als sie zweimal abgebogen war, stieg sie vom Fahrrad und setzte sich auf eine Bank.

Langsam atmete sie ruhiger, aber auf einmal war sie über etwas froh: Sie hatte Tati nicht erzählt, was ihr Jos im Krankenhaus gesagt hatte. Nein, sie hatte es für sich behalten und obwohl sie nicht wusste, warum sie das gut fand, hatte sie doch das Richtige getan. Und auf einmal wusste sie auch, was sie tun musste. Sie stieg auf ihr Fahrrad. Die Mutter von Mira öffnete ihr.

„Gut, dass du kommst."

Hannah nickte.

„Ihr geht es nicht gut", sagte Miras Mutter und trat zur Seite, damit Hannah die Treppe hoch zu Miras Zimmer kam.

„Mira", rief ihre Mutter, Hannah stand vor Miras
5 Tür und klopfte. Sie klopfte ein zweites Mal, blickte sich wieder um. Miras Mutter gab ihr ein Zeichen. Hannah öffnete die Tür.

Mira saß auf dem Boden, hatte Kleidungsstücke um sich verstreut. Ihr Kopf wippte im Takt einer
10 unhörbaren Musik hin und her.

„Mira?", fragte Hannah, die in der Tür stehen geblieben war. Da sah Mira auf und zog die Kopfhörer herunter.

Hannah sah, dass sie geweint hatte. Sie hockte
15 sich vor sie und nahm sie in ihre Arme. Mira ließ es geschehen, dann drückte sie Hannah langsam weg.

„Es tut mir leid", sagte Hannah und Mira nickte.

„Du kannst ja nichts dafür", sagte Mira, aber plötz-
20 lich sah Hannah wieder Tati vor sich, die behauptet hatte, dass es Mira vielleicht selbst gewesen war, die die Beleidigungen verschickt hatte. Wenn man so dachte, konnte niemand mehr jemand anderem vertrauen, jeder stand unter Verdacht.

„Das Schlimme ist", sagte Mira, „ich dachte, es war Jos. Aber wenn er es nicht ist, dann hat es jemand anders auf mich abgesehen, den ich nicht kenne."

5 „Ich glaube nicht, dass es jemand aus der Klasse ist", sagte Hannah, „ich wüsste nicht, wer sich sonst noch so gut in IT auskennt."

„Tom vielleicht", sagte Mira.

„Aber Tom ist mit Tati zusammen und im Grunde 10 ist Tati deine Freundin."

Mira zuckte mit den Schultern: „Keine Ahnung."

„Die anderen halten zu dir, du musst keine Angst haben", sagte Hannah, aber Mira schüttelte den Kopf: „Ich weiß nicht. Sie haben mich alle immer 15 akzeptiert. Aber vielleicht haben sie nur so getan?"

Hannah stand langsam auf, trat ans Fenster und sah hinaus.

„Es war so dumm von mir – die Sache mit Jos", 20 sagte Mira, „ich könnte mich ..."

„Aber wie geht es weiter?", fragte Hannah, „was sollen wir tun?"

Sie überlegten, aber nichts, was ihnen einfiel, erschien ihnen sinnvoll. Natürlich konnten sie es 25 Herrn Geist erzählen, aber was sollte der tun? Sie konnten eine Nachricht veröffentlichen, dass sie es unmöglich fänden und der Schuldige sich melden solle. Aber warum sollte er es tun? Irgendwann hörten sie auf, darüber zu reden, und Hannah war froh, Mira auf andere Gedanken gebracht zu haben, als plötzlich Miras Vater im Zimmer stand, der früher nach Hause gekommen war.

„Natürlich kann man herausfinden, wer das war", sagte er, „das ist nicht schwer. Es ist nicht erlaubt und ich mache es nicht gerne, aber ich vermute, dass die Polizei dazu nicht wirklich Zeit hat. Gib mir dein Handy", sagte er. Mira sah ihn an, zögerte.

„Und kein Wort zu niemandem? Ich vertraue dir", sagte er zu Hannah, „weil du die Einzige bist, die sich sofort für Mira eingesetzt hat."

Hannah nickte. Miras Vater sagte, dass sie nicht zu warten brauche, es könne die halbe Nacht dauern und jetzt habe er erst mal Hunger und dann würde er sehen, was sich machen ließe.

Mira lächelte wieder, umarmte Hannah und sagte: „Danke." Als die Haustür sich hinter Hannah geschlossen hatte und sie nach ihrem Fahrrad griff, wusste sie nicht, ob sie sich glücklich oder unglücklich fühlen sollte. Ganz gleich, wie die Sache

ausging: Wenn Miras Vater herausbekam, wer die Nachrichten geschrieben hatte, war das Problem nicht beseitigt – im Gegenteil. Sie mussten dann überlegen, wie sie sich weiter verhalten sollten.
5 Und das war noch schwieriger. Hannah seufzte, während sie langsam die Straße nach Hause fuhr. Eigentlich hatte sie gar keine Lust zu erfahren, wer es getan hatte.

Seit Jos' Unfall konnte Tom nicht mehr einschla-
10 fen. Er lag im Bett und hörte, wenn er die Augen schloss, immer wieder das Geräusch des Aufpralls und sah hinter seinen geschlossenen Lidern Jos' Körper vor dem Auto auf der Straße liegen. Einmal wachte er in der Nacht mit Herzklopfen auf, ver-
15 suchte, sich zu erinnern, ob er einen Albtraum gehabt hatte. Er ging hinunter in die Küche, um einen Schluck Wasser zu trinken, setzte sich ins dunkle Wohnzimmer und wartete, bis er sich wieder beruhigt hatte. Dann legte er sich wieder ins Bett, zog
20 die Decke über seinen Kopf. In der Morgendämmerung, als langsam die Helligkeit in sein Zimmer eindrang, wachte er auf, obwohl der Wecker noch gar nicht geklingelt hatte. Er schlug die Augen auf und im selben Moment fielen Gedanken über ihn

her, prasselten auf ihn ein, kreisten wie Fetzen von Tüchern im Wind durch seinen Kopf. Was wäre, wenn er doch an der Turnhalle gesehen worden war, wenn herauskäme, dass er seinem Bruder von Latif erzählt hatte und der ihm versprochen hatte, etwas zu tun? Was wäre, wenn Jos nicht mehr gesund werden würde und noch schlimmer, wenn er gesund werden würde und vor dem Ende des Schuljahres zurück in die Klasse käme und erzählte, dass er vor ihm weggelaufen sei. Wer würde ihm dann glauben? Warum hatte er nicht mehr Freunde in der Klasse? Denn Tati allein konnte ihm nicht helfen. Und schließlich drehten sich am Ende die Gedanken nur noch darum, was Tati über ihn denken würde, wenn sie erführe, dass er und Gerold hinter der Aktion gegen ihren Trainer standen. Er zog die Decke wieder über sich und presste die Lippen zusammen, versuchte, an gar nichts mehr zu denken. Was hatten sie im Sommerlager gelernt: Einer wie du darf keine Angst haben. Ihr müsst kämpfen, dürft niemals aufgeben. Wenn man Angst hat, gibt man sich auf. Schaue niemals zurück, sondern immer nach vorne. Hör auf zu denken. Handle!

Tom richtete sich auf. Handeln. Das klang gut,
aber was sollte er tun? Er konnte nichts tun außer
abwarten. Er konnte Jos nicht zum Schweigen
bringen, selbst wenn er ihn darum bitten würde,
er würde es nicht mehr tun. Er hatte ihm gedroht,
aber es hatte nichts geholfen.
Er riss die Bettdecke zur Seite, trat ans Fenster. Er
sah zu, wie der Schatten der Garage auf dem Hof
langsam kleiner wurde, weil die Sonne nach oben
stieg. Ein Gedanke kam ihm: Vielleicht sollte er mit
seinem Bruder sprechen und die Aktion gegen Latif abbrechen. Dann konnte Tati nichts mehr gegen ihn haben. Aber es war ja sinnlos, denn sein
Bruder würde niemals mit etwas aufhören, nur
weil er ihn darum bat. „Weichei", würde er sagen,
„und du willst ins Sommerlager?"
Und außerdem half das gar nichts gegen das, was
Jos erzählen würde, wenn er aus dem Krankenhaus kam. Jos würde nicht schweigen. Nein, dachte Tom, er war verloren. Und wenn er von der
Schule fliegen würde, dann hätte er es sich auch
mit seiner Mutter verscherzt, dann wäre er völlig
allein. Und alles nur, weil er mit Tati ins Sommerlager fahren wollte. Eine unglaubliche Wut kochte

in ihm hoch. Alles war schiefgelaufen. Nichts von seinem Plan hatte funktioniert.

Der Vereinsvorstand hielt weiter an Latif als Trainer fest. Ja, sie bestanden darauf, dass er mit ins Turncamp fuhr. Es gäbe genügend weitere Aufsichtspersonen. Sie würden sich der rassistischen Hetze nicht anschließen.

Was war daran rassistisch? So weit war es gekommen, das sagte sein Bruder auch immer, dass man sich und seine Freunde dieser Gefahr aussetzen musste, nur weil die anderen nicht sahen, was auf sie alle zukam.

Als sein Wecker klingelte, beruhigte sich Tom wieder. Er versuchte, einfach nicht mehr daran zu denken, sich auf die Schule, auf Tati zu konzentrieren. Es war ihr nicht anzusehen, ob sie etwas merkte. Obwohl sie ihn manchmal von der Seite anschaute, als wüsste sie alles. Nein, dachte er dann, das konnte nicht sein. Er sah ja schon Gespenster.

Tati sah die Nachricht auf ihrem Handy zufällig, als sie zu Hause auf dem Sofa die neuesten Turnvideos von ihren Freundinnen ansehen wollte.

Eine kurze Notiz von Biggi, ihrer Trainerin, ließ sie aufhorchen.

#Tut mir leid für euch alle, Mädels. Kann ich aber verstehen und finde es richtig. Vielleicht klappt es
5 ja wieder nächstes Jahr.

Tati stutzte: Was konnte Biggi verstehen und was klappte nicht dieses Jahr, was nächstes Jahr wieder stattfinden konnte? Beunruhigt klickte sie auf den Link, der unter Biggis Nachricht auf die Home-
10 page des Vereins führte. Und da las sie es in roter Schrift: „Turncamp abgesagt!"

Sie erstarrte, konnte nicht weiterlesen. Was sollte das? Das konnte doch wohl kaum sein. Seit über zehn Jahren gab es das Camp jedes Jahr – sie war
15 zum vierten Mal dabei und jetzt sollte es abgesagt werden?

Ihr Blick glitt in die Zeilen darunter. „Aus Solidarität mit unserem Co-Trainer und aus Sicherheitsgründen muss das Turncamp abgesagt werden."
20 Was hieß denn das?

Sie las weiter:

„Unser Verein ist weltanschaulich und religiös neutral und steht Menschen jeder Hautfarbe und Nationalität offen, die Sport treiben möchten und
25 an unserem Vereinsleben teilnehmen wollen."

Was sollte das wieder? Immerhin war Latif Co-Trainer. Niemand hatte ihm verboten, im Verein zu sein. Tati begriff überhaupt nicht, was passiert war. Dann sah sie darunter einen Link, der zu ei-
5 nem Artikel in der Heimatzeitung führte: „Drohungen gegen Trainer – Turncamp abgesagt". Tati stöhnte auf, bevor sie weiterlas.

„Ernst zu nehmende Drohungen gegen Gesundheit und Leben des Vereinsmitglieds und Co-Trai-
10 ners der Turnmannschaft führten zur Absage des Turncamps. Sowohl der Vereinsvorstand, der sich schon immer für die Integration von Flüchtlingen eingesetzt hat, als auch der Trainer selbst erhielten mehrere Drohmails. Der hier nicht zitierfähige
15 Inhalt stammt von fiktiven Absendern. Der Turnverein erklärte, dass er aus Solidarität mit seinem Vereinsmitglied das gesamte Turncamp absagen wird. Selbst wenn man den Co-Trainer von der Trainingsarbeit ausschließen sollte, sei nicht
20 sicher, dass alle politischen Wirrköpfe dies mitbekämen. So sei die Sicherheit der Teilnehmerinnen nicht zu gewährleisten. Der Verein informierte darüber hinaus die Polizei und stellte Strafanzeige gegen unbekannt."

Tati ließ das Handy sinken. Das durfte nicht wahr sein. Wegen dieser Sache das Turncamp abzusagen. Nur weil einige Eltern Angst hatten, wegen Latif konnte man doch nicht einfach das ganze

5 Camp absagen.

„Mist", schrie sie laut, sodass ihre Mutter aus der Küche kam.

„Was ist denn los?", fragte sie und betrachtete verwundert Tati, die ihr Handy auf das Sofa

10 schleuderte, als sei es ihr nichts mehr wert.

„Nur wegen diesem Syrer haben sie das Turncamp abgesagt", schrie sie.

„Oh, das tut mir leid. Aber dann soll er eben zu Hause bleiben", sagte die Mutter kopfschüttelnd.

15 Tati hielt einen Moment inne, überrascht über die Zustimmung. „Genau, das habe ich auch immer gesagt. Wenn es gefährlich ist, dann kann er nicht mitfahren."

Die Mutter zuckte mit den Achseln.

20 „Tom hat auch gesagt, dass es unverantwortlich ist, so was zu planen. Ich muss darunter leiden, dass der ins Turncamp will. Der darf doch hier sowieso alles."

„Das wird schon", sagte ihre Mutter, „beruhig dich. Du wirst sehen, da ist noch lang nicht das letzte Wort …"

Aber bevor sie zu Ende sprechen konnte, war Tati
5 schon an ihr vorbei.

„Wo willst du hin?" rief sie ihr nach.

„Zu Tom, der weiß vielleicht noch gar nichts davon."

Tom hatte recht, dachte sie, als sie draußen war.
10 Tom hatte wirklich recht. Die Flüchtlinge und die Ausländer brachten alles durcheinander. Jeder normale Deutsche hätte darauf verzichtet und hätte den anderen nicht den Spaß verdorben. Selbst wenn er nicht gefährlich war, dann hatte er
15 zumindest einen schlechten Charakter, dachte Tati, als sie in die Straße einbog, in der Tom mit seinem Bruder und seiner Mutter wohnte.

5 Rache

„Tja", sagte Miras Vater, „mehr konnte ich nicht herausfinden."

„Und Jos war es wirklich nicht?

„Nein, von ihm ging das nicht aus." Er schaute
5 Mira an, die betroffen zur Seite blickte. „Macht es dir Sorgen, dass er es nicht getan hat?"

„Jos liegt im Krankenhaus", sagte Mira, „und irgendetwas muss er damit zu tun haben."

„Mira", ihr Vater streckte seine Hände nach ihr
10 aus, „das ist doch nur die halbe Geschichte, das spüre ich doch. Sag mir, was los war. Ich habe für dich hier etwas Verbotenes getan. Ich möchte von dir die ganze Wahrheit hören."

„Na gut", Mira ging um den Schreibtisch herum
15 und ließ sich auf den Sitzsack fallen, „ich habe Jos beleidigt und Tati hat mitgemacht und deswegen hat das Ganze begonnen."

„Ich weiß nicht, ob das Ganze deswegen begonnen hat", sagte ihr Vater, „wir denken immer, wir
20 sind schuld, wenn wir beleidigt werden. Aber das stimmt nicht. Jeder macht Fehler, aber weil man einen Fehler macht, dürfen andere Menschen nicht mit einem machen, was sie wollen."

Langsam, mit stockenden Worten begann Mira zu erzählen, ihr Vater nickte, als sie am Ende schwieg.

„Du wirst dich ganz schön entschuldigen müs-
5   sen", sagte er lächelnd. „Was glaubst du, was hat Jos bei der Turnhalle gesucht? Mit Tati wollte er wohl kaum reden?"

Mira schüttelte den Kopf.

„Wir können froh sein, dass er noch lebt."

10   Mira nickte und stand auf. Ihr Vater hatte sich heute freigenommen, nachdem er die halbe Nacht vor dem Computer gesessen hatte. Er sah müde aus und sie hätte ihn am liebsten umarmt. Sie ging auf ihn zu, da sagte er: „Erst solltest du
15   deine Aufgabe erledigen. Warum rufst du nicht im Krankenhaus an? Je schneller du die Sache los-
wirst, desto besser für dich. Und für ihn."

Mira nickte, griff zum Telefon, ihr Vater suchte die Telefonnummer im Internet, dann ließ er sie im
20   Arbeitszimmer allein.

Als er zurückkam, saß Mira über den Schreibtisch gebeugt, den Kopf auf die Hände gestützt.

Beunruhigt fragte ihr Vater, was los sei:

„Er war nicht zu sprechen", sie drehte sich um,
25   „die Polizei ist gerade bei ihm."

Es war das erste Mal, dass er Tati weinen sah. Er saß auf seinem Bett, ihr Kopf lag in seinem Schoß. Zuerst hatte er es gar nicht gemerkt. Aber als er ihr die Haare aus dem Gesicht strich, sah er die
5 nassen Spuren in ihrem Gesicht.
„Es tut mir leid", er streichelte ihr Haar, „aber glaub mir. Es ist besser. Wer weiß, was der vorhatte. Dann lässt er nachts seine Freunde rein und ihr könnt gar nichts machen." Tati nickte: „Ich hasse ihn. Ihn und
10 alle, die hier unser Leben kaputtmachen."
Tom lächelte. Das war das, was sein Bruder immer sagte. Kurz überlegte er. Sein Bruder wusste noch gar nichts davon. Es war so einfach gegangen. Einfach ein paar Nachrichten auf der Vereinsseite
15 und schon merkten auch die anderen, was wirklich vor sich ging.
Und Tati konnte jetzt mit ins Sommerlager kommen. Er hatte es geschafft. Zwei wunderbare Wochen mit Tati lagen vor ihm. Es kam ihm wie ein
20 Wunder vor. Alle anderen Probleme waren vergessen. Am liebsten hätte er gejubelt, aber er merkte, dass er das jetzt nicht durfte. Er durfte die Gefühle von Tati nicht verletzen, sondern musste vorsichtig sein. Nicht, dass ihre Enttäuschung in Trotz
25 umschlug.

„Und man kann nichts machen?", fragte er vorsichtig.

Tati stand auf und fragte, ob er ein Taschentuch habe. Tom ging ins Bad, um eines zu holen. Als er zurückkam, stand sie am Fenster.

„Wenn die Vereinsleitung etwas entschieden hat, ist es immer endgültig", sagte sie und tupfte sich die Tränen aus den Augen.

Tom überlegte, ob er sie gleich fragen sollte, ob sie dann mit ins Sommerlager kam, aber er hatte das Gefühl, dass es besser war, ihr noch einen Tag Zeit zu geben. Wenn sie allerdings das Turncamp dann doch stattfinden ließen – vielleicht sagte dieser Latif ja noch ab –, dann hatte er wieder alles verloren.

Er stellte sich gerade vor, wie er Hand in Hand mit Tati am See entlangging, als er eine Idee hatte. Ganz schnell ging sein Atem, als er sich ausmalte, wie es werden konnte, immer mehr Gedanken fielen ihm dazu ein, sammelten sich. Ja, die Sache hatte nur Vorteile. Sie konnten dadurch sogar ihre Eltern überzeugen mitzufahren.

„Sag mal", sagte er, „ich habe dir doch von dem Sommerlager erzählt."

Er begann ganz vorsichtig, beobachtete ihr Gesicht. Sie nickte.

„Wir haben dort ja auch eine Mädchen-Turnriege und die könntest du trainieren. Das wäre für dich 5 doch eine gute Aufgabe und für unsere Mädchen wäre das ganz toll, eine so gute Turnerin wie dich dabeizuhaben. Ich könnte meinen Bruder fragen, aber der hat sicher nichts dagegen", sprach Tom langsam weiter, ohne Tati aus den Augen zu las- 10 sen, „nächstes Jahr fährst du dann bei deinem Verein wieder mit, aber dieses Jahr ..."

„Hm", überlegte Tati, „weiß nicht. Eigentlich will ich besser werden und keine kleinen Mädchen trainieren. Aber bevor ich gar nicht turnen kann." 15 „Außerdem sind wir die ganzen Ferien ...", sagte Tom.

„Darum geht es dir in Wirklichkeit, oder?" Tati lachte und ging auf ihn zu, stieß ihn mit beiden Armen zurück auf das Bett und setzte sich neben 20 ihm: „Das wäre schon sehr schön ..."

Tom aber starrte an die Decke. Ja, darum ging es ihm in Wirklichkeit. Mit Tati zusammen zu sein. Er überlegte, ob sie ihm wichtiger war als das Sommerlager. Ja und nein, dachte er. Vielleicht hätte 25 er sogar auf das Sommerlager verzichtet, um mit ihr zu Hause zu bleiben. Das wäre vielleicht auch nicht schlecht gewesen. Sein Bruder wäre dann nicht da. Und seine Mutter erlaubte ihm alles, was er wollte. Es war vielleicht sogar besser als im

5 Sommerlager, wo die anderen dauernd um sie herumliefen.

Unsinn, dachte er dann, Tati fährt mit und eigentlich ist das doch das Allerbeste, was ihm passieren konnte.

10 „Schlafen wir dann in einem Zelt?"

„Nein", sagte Tom, „es gibt Familien-, Jungen- und Mädchenzelte. Jede Schar hat ein Zelt."

„Schar?", fragte Tati.

„Das heißt Gruppe", sagte Tom, „altes Wort,

15 aber ... Ich frag jetzt Gerold, falls er da ist."

Tom ging zur Zimmertür: „Ich mach das besser allein."

Tati wunderte sich, warum sie nicht mitkommen sollte, aber dann erinnerte sie sich, dass ja irgend-

20 jemand gesagt hatte, dass Toms Bruder schwierig sei. Sie würde ja sehen, was passierte.

Leise schloss Tom die Tür hinter sich. In seinem Zimmer war Gerold nicht zu sehen, das war sauber aufgeräumt wie immer. Vielleicht in der Werk-

25 statt, dachte Tom und stieg hinunter in den Keller.

Ja, da hörte er ihn. Die Tür stand halb offen, sein Bruder packte Flugblätter und andere Sachen in eine Tasche.

„Tati kommt mit ins Sommerlager", platzte er
5 heraus.

Gerold reagierte nicht. Er stopfte weiter alle möglichen Papiere in die Tasche, drehte sich schließlich um: „Ich habe keine Zeit. Ich muss weg. Wenn hier jemand nach mir fragt, du weißt nicht, wo ich
10 bin. Und erzählst nichts, mit wem ich mich getroffen habe, wo ich gewesen bin. Klar, Bruder?"

Tom nickte, trat zur Seite, Gerold lief an ihm vorbei, die Treppe nach oben. Tom sah ihm nach, schüttelte den Kopf, knipste im Keller das Licht
15 aus.

Langsam stieg er die Treppe hoch, hörte die Haustür ins Schloss fallen und kurz darauf, wie ein Auto wegfuhr. Er überlegte, was er Tati sagen sollte.

„Alles okay", sagte er, als er wieder im Zimmer
20 stand und Tati ihn fragend ansah.

„Was denn?"

„Er hat wenig Zeit gehabt, aber das klappt schon."

Tati zuckte mit den Schultern: „Ich muss noch meine Eltern fragen."

25 „Stimmt", sagte Tom, „soll ich mitkommen?"

„Besser wäre dein Bruder", sagte Tati lachend,
„der ist doch Aufsichtsperson."
„Puh", Tom atmete aus. Das könnte schwierig
werden, dachte er.

5   „Was machst du denn hier?", fragte Hannah, als
Tati in der Schlange am Badeseekiosk auf einmal
hinter ihr stand.
„Wieso? Ist doch warm genug zum Baden?"
„Du hast doch dienstags Training." Hannah ließ
10 sich nicht beirren.
„Ist zu warm", sagte Tati knapp.
Hannah konnte nicht weiter reagieren, weil sie an
der Reihe war. Sie nahm das Eis und wartete auf
Tati.
15 „Ich bin auch gerade gekommen", sagte Hannah,
„kommst du mit?"
Tati zögerte kurz, dann sagte sie: „Klar."
Langsam liefen sie zwischen den Liegenden zu
dem Baum, an dem sich die Freundinnen immer
20 trafen. Die ersten Familien packten bereits wieder
ihre Badesachen zusammen, aber es war immer
noch so voll, dass man aufpassen musste, wo
man entlangging.

Weiter oben am Hang saßen einige türkische Familien. Die Frauen trugen trotz der Hitze Kopftücher und lange Kleider.

„Wie die das aushalten …" Tati schüttelte den Kopf.

„Keine Ahnung", sagte Hannah, „ich wüsste das auch gern. Aber wenn sie das so wollen."

„Trotzdem. Wenn man hier lebt, soll man sich so anziehen, dass man nicht auffällt."

Hannah zuckte mit den Schultern: „Das ist doch ihre Sache."

Sie hatte keine Lust, weiter über das Thema zu reden, denn sie waren an ihrem Platz angekommen. Hannah ließ sich auf ihr Handtuch fallen.

Tati setzte sich neben sie.

„Und warum bist du nun nicht beim Turnen?" Hannah wollte eigentlich auch darüber nicht reden, aber etwas trieb sie dazu, Tati zu fragen.

„Hatte keine Lust", sagte Tati, „die gehen mir auf die Nerven."

Hannah blickte auf den glitzernden See: „Ich habe es schon gehört. Das tut mir leid."

„Mir auch", brummte Tati, „verstehst du: Das war nicht nötig."

Hannah schwieg, sah an Tati vorbei. Jetzt tat es ihr leid, das Thema angesprochen zu haben. Sie wartete, überlegte, wie sie das Thema wechseln konnte, aber ihr fiel nichts ein.

5 „Hast du den Zeitungsartikel gelesen?", fragte Tati, „das ist doch nur aufgebauscht. Einige Eltern haben Angst bekommen, weil sie nicht wollen, dass es ein Attentat gibt oder ein Muslim eben mitfährt und dann tun sie alle so, als müssten sie
10 Solidarität üben. Mit denen, die zu Hause bleiben, hat auch niemand Mitleid. Die sind wieder die Opfer, weil die Ausländer sich bei uns einmischen."
Hannah hörte die Worte auf sich einprasseln. Ein unangenehmes Gefühl kroch ihren Rücken nach
15 oben. Sie wollte Tati verstehen, verspürte aber großen Widerwillen bei ihren Äußerungen.
„Aber das hat doch nichts mit den Ausländern zu tun! Latif kann doch gar nichts dafür, dass er angefeindet wird. Du hast ihn doch auch toll gefunden."
20 „Ja, am Anfang. Da wusste ich ja nicht, dass er Araber ist. Dass er vielleicht was vorhat."
Jetzt sah Hannah Tati von der Seite an, die mit wütendem Gesicht auf den See starrte.
„Aber es haben doch nicht ,alle Araber' ,etwas
25 vor'", sagte Hannah.

„Ja und? Man weiß es nicht. Hätte er darauf verzichtet mitzufahren, dann hätten wir alle kein Problem. Es ist eben gefährlich."

„Gefährlich?", rief Hannah. „Die sind doch nicht alle gefährlich. Latif ist euer Trainer und hat doch nie etwas getan. Der ist doch nur hier, weil in seinem Land Krieg herrscht."

„Das ist doch egal", sagte Tati, „aber weil er da ist, haben wir die Probleme."

„Was soll man dann tun?", fragte Hannah.

„Die sollen dahin gehen, wo sie herkommen", sagte Tati, „der kommt doch nur hierher, weil die da unten keine Turnmannschaft haben. Dafür können wir doch nichts."

„Da ist aber Krieg", wiederholte Hannah leise, „die können gar nicht zurück."

„Sie können ja zu Wettkämpfen kommen. Aber nicht in unseren Verein. Lies doch mal die Einträge auf der Homepage. Da haben total viele geschrieben, dass sie das nicht wollen. Die haben geschrieben, dass Ausländer und vor allem Flüchtlinge in einem deutschen Turnverein nichts zu suchen haben. Und wir sind nun mal deutsch. Die sehen anders aus, leben anders. Was ist denn daran falsch?"

Hannah schluckte, wusste nicht, was sie antworten sollte.

„Und Mira?"

„Mira ist mir egal. Die ist doch nur hier, weil ihr Vater hier arbeiten kann."

Plötzlich wusste Hannah, dass sie Tati nicht weiter zuhören wollte. Nur weil Tati nicht ins Turncamp durfte, schimpfte sie über Ausländer und jetzt auch noch über Mira, die nicht einmal Ausländerin war.

„Das ist doch rassistisch", hörte sich Hannah selbst sagen und stand auf. „Seit wann redest du so ein Zeug?"

„Nur weil man sich wehrt, ist man immer gleich rassistisch. Das hat Tom auch gesagt ..."

Hannah wollte ihre Sachen packen und gehen, stockte aber, als sie diesen letzten Satz hörte. Wie oft hatte Tati das in letzter Zeit gesagt. Als hätte sie aufgehört, selber zu denken, und würde nur noch die Gedanken von Tom übernehmen.

„Was hat Tom denn noch so erzählt? Vielleicht war er es ja, der im Klassenchat Mira beleidigt hat."

„Und wenn schon. Die anderen sprengen uns in die Luft und ihr regt euch über so eine Sache auf."

Hannah setzte sich wieder auf ihr Handtuch.

„Ich habe die Schnauze voll von diesem blöden Turnverein", sagte Tati, „ich fahre mit Tom ins Sommerlager von seiner Jugend- und Familiengemeinschaft."

5 „Klingt nicht besonders spannend", sagte Hannah. Jugend- und Familiengemeinschaft. Das klang mehr nach Kegeln und Biertrinken. Aber es konnte ihr egal sein, ob Tati das gut fand. Hannah stand auf. Sie wollte jetzt schwimmen. Und zwar allein.

10 Sie lief ohne ein weiteres Wort über die Wiese zum Ufer in das Wasser und begann zu schwimmen. Mit kräftigen Zügen ließ sie das Ufer hinter sich und erst als sie einige Minuten geschwommen war, drehte sie sich auf den Rücken und ließ sich treiben.

15 Sie ärgerte sich, dass sie Tati nicht entschiedener widersprochen hatte. Dass sie ihr nicht gesagt hatte, wie menschenverachtend sie Tatis Worte fand. Hannah versuchte sich zu erinnern, aber sie hatte nie von Tom solche Aussagen gehört, was aber

20 vielleicht nur daran lag, dass er sich an solchen Gesprächen nie beteiligte. Vielleicht hatte er aber auch seine Meinung geändert. Hannah drehte sich wieder auf den Bauch und schwamm weiter. Langsam wurde sie ruhiger. Aber als sie daran dachte, wie-

25 der ans Ufer zu Tati zurückkehren zu müssen, trüb-

ten sich ihre Gedanken. Sie hatte überhaupt keine Lust, mit einem Menschen befreundet zu sein, der so dachte. Aber war das richtig, sich von ihr fernzuhalten, nur weil sie eine andere Meinung hatte,
5 auch wenn diese Meinung rassistisch und unmenschlich war? Hannah schwamm unentschlossen weiter, tauchte mit ihrem Gesicht ins Wasser, öffnete die Augen und sah in das unbestimmte grünliche Schimmern des Grundes unter sich. Ohne
10 eine Antwort gefunden zu haben, schwamm sie langsam zurück. Mit gleichmäßigen Schwimmbewegungen näherte sie sich wieder dem Ufer, als sie sah, dass eine zweite Gestalt neben Tati stand. Oje, dachte sie dann, als sie erkannte, dass es
15 Mira war. Hannah hatte vollkommen vergessen, dass ja auch Mira zum See kommen wollte. Hoffentlich gab es keinen Streit. Sie schwamm schneller, um das Schlimmste zu verhindern. Mira stand ganz ruhig und blickte auf den See,
20 während Tati neben ihr hockte. Dann spürte Hannah den Grund unter ihren Füßen und richtete sich auf. Sie winkte, aber Mira erkannte sie wohl nicht. Hannah lief, ohne die beiden aus den Augen zu lassen, nach oben. Als sie
25 ankam, sagte Tati gerade zu Mira:

„Bist du auch der Meinung, dass es Tom war?"

„Ich weiß, wer es war", Mira lächelte Hannah an, „aber eines kann ich dir sagen: Es war nicht Jos."

„Ja und, wer war es dann? Erzähl doch", sagte Tati
5   mit gespielter Langeweile.

„Nö", sagte Mira, „das ist Sache der Polizei."

Tati verdrehte genervt die Augen in Richtung Hannah.

„Typisch", sagte Tati, „ihr Ausländer macht hier
10 den Ärger, aber wenn man sich dagegen wehrt, ruft ihr nach der Polizei."

„Hör zu", sagte Hannah, griff nach ihrem Handtuch, legte es um sich, „du kannst dich entscheiden. Entweder du verhältst dich wie ein normaler
15 Mensch, dann können wir Freunde bleiben. Oder du lässt weiter solche Sprüche und Beleidigungen gegen Mira los, dann such dir neue Freunde."

„Ich lass mir nicht vorschreiben, was ich denke", sagte Tati und stand auf, „und neue Freunde hab'
20 ich schon."

Hinter ihnen hielt Tom mit seinem Fahrrad, dem sie vorhin eine Nachricht geschrieben hatte.

„Alles klar?", fragte er.

„Alles klar", sagte Tati und legte ihren Arm um ihn.

„Weniger auf das Handy schauen, mehr auf den Straßenverkehr achten", sagte der Arzt zu Jos, der ihm nach den Abschlussuntersuchungen am nächsten Morgen mitteilte, dass er nun wieder
5 nach Hause könne.

Jos hatte nicht auf sein Handy geschaut, als er vor Tom geflohen war, und er überlegte, es dem Arzt zu sagen, aber er war so froh aus dem Krankenhaus zu kommen, dass er einfach lächelte und
10 nickte. Viel wusste er nicht mehr von dem Unfall. Er hatte gesehen, wie Tom von der Feuertreppe sprang und war voller Panik losgelaufen. Das war das Letzte, an das er sich erinnerte. Dann war da nur noch Dunkelheit und als er aufgewacht war,
15 hatte er nicht gewusst, wo er sich befand. In den folgenden Tagen hatte er viel geschlafen. Hannah hatte an seinem Bett gesessen. Er hatte ihr zu sagen versucht, warum er zur Turnhalle gelaufen war, aber jetzt war er froh, dass sie ihn nicht ver-
20 standen hatte. Wenn sie zur Polizei gegangen wäre, dann hätte er Ärger bekommen, weil er sich in die Mails von Toms Bruder gehackt hatte. Eigentlich hatte er nur Latif persönlich warnen wollen, deswegen war er zur Turnhalle gelaufen.

Dass Tom ihm dort auflauerte, hatte er nicht ahnen können.

Als der Arzt gegangen war, stand er auf und packte seine Sachen in die Tasche. Ein Arm war noch
5 eingegipst, aber den anderen konnte er inzwischen wieder bewegen. Vor allem freute er sich auf sein Handy. Seine Mutter hatte es ihm tatsächlich nicht mitgebracht. Wie abgeschnitten von der Welt hatte er hier die letzten zwei Tage
10 gelegen, wusste überhaupt nicht, was passiert war.
Deswegen war es auch besser, dass er der Polizei nichts gesagt hatte. Nur er wusste, was wirklich passiert war. Jos nahm seine Tasche und setzte
15 sich auf die Bettkante. Seine Mutter müsste gleich kommen.
Als Erstes würde er sich Tom vornehmen. Ihn würde er nicht davonkommen lassen.

6 Der richtige Weg?

Die Tür fiel hinter ihm ins Schloss. Tom blieb noch einen Augenblick stehen. Er hatte es geschafft. Es würde klappen. Er hatte Tati nur vom See nach Hause bringen wollen, aber sie wollte unbedingt,
5 dass er noch hereinkam. Es war das erste Mal, dass ihn ein Mädchen ihren Eltern als Freund vorgestellt hatte.

„Soso", hatte der Vater gesagt und sich die Brille, die von seiner Nase gerutscht war, nach oben ge-
10 schoben, hatte ihn gemustert und war dann mit dem Buch in der Hand zum Regal gegangen. Die Mutter hatte gefragt, ob er mit ihnen essen wolle.

„Vielen Dank", sagte Tom, aber er müsse pünktlich bei seiner Mutter sein. Tati lächelte. Wahrschein-
15 lich hatte sie ihre Eltern mit seinem Besuch vorbereiten wollen und würde ihnen nun sagen, dass sie mit ihm ins Sommerlager fahren wollte.

„Na, dann sehen wir dich bald wieder?", fragte Tatis Vater, als sich Tom verabschiedete. Tati drückte
20 ihm einen Kuss auf die Backe, Tom wurde ganz heiß im Gesicht, so etwas hätte er vor seiner Mutter und seinem Bruder nicht gewagt.

„Ja, natürlich", sagte Tom, „gerne."

Langsam ging er zu seinem Fahrrad, atmete tief die warme Sommerluft, legte den Kopf zurück und blickte in den Himmel, dessen Blau langsam dunkler wurde. Er schob das Fahrrad, hatte keine Lust

5 zu fahren, wollte nur den Abend genießen. Dass er zu seiner Mutter musste, war gelogen, machte aber sicher einen guten Eindruck. Vielleicht wussten die Eltern von Tati, dass er keinen Vater mehr hatte. Aber heute Abend war nicht einmal sein

10 Bruder zu Hause. Mit ihm musste er auch noch sprechen, damit Tati die Mädchen trainieren durfte. Eine eigene Schar würde sie nicht bekommen, das bekamen immer nur diejenigen, die sich schon ausgezeichnet hatten. Vielleicht nahm sie

15 es ihm übel, wenn sie die Mädchen doch nicht trainieren durfte. Aber die Hauptsache war doch, dass sie dabei war. Was Gerold wohl machte. Am Nachmittag sah es fast aus, als ob er fliehen müsste.

20 Da fiel Tom ein, dass er am Nachmittag eine Nachricht von ihm bekommen und noch nicht gelesen hatte. Mit Tati neben ihm, hatte er sie einfach vergessen. Er holte sein Handy heraus und erstarrte, als er las:

Rede mit niemandem über mich. Wenn jemand nach mir fragt: Bin im Urlaub, komme die nächsten Wochen nicht.

Erstarrt las er die Nachricht. Wenn Gerold wo-
chenlang weg war, dann konnte das Sommerlager nicht stattfinden. Es sei denn, dass jemand anders die Organisation übernahm. Aber das Sommerlager hatte immer Gerold organisiert. Es war, als würde das ganze Glück, das er gerade noch emp-
funden hatte, aus ihm herausfließen. Plötzlich zweifelte er daran, dass es eine gute Idee gewesen war, Tati zu fragen, ob sie mitfahren will. Wenn das Sommerlager nicht stattfand, dann wäre sie ebenso enttäuscht von ihm wie von ihrem Turnverein.

Aber vielleicht kam sein Bruder doch rechtzeitig zurück. Er war immer mal wieder verschwunden, dann wieder aufgetaucht. Nie hatte er ihm erzählt, was er genau machte. „Männersache", hat-
te Gerold gesagt, „du bist noch zu jung dafür."
Tom hätte gerne gewusst, wofür er zu jung war, aber fragen brauchte er seinen Bruder nicht. Hoffentlich hatte Tati ihren Eltern noch nichts erzählt. Solange Gerold weg war, konnte er ihnen ja nicht einmal einen Anmeldezettel geben. Und

Tatis Eltern wollten bestimmt mehr über das Sommerlager wissen.

Auf einmal bekam er Angst. Darüber hatte er überhaupt nicht nachgedacht. Was sollte er ihnen
5 sagen, wer das organisiert? Na gut, dachte Tom, er konnte sagen, dass es eine Natur- und Lebensschutzbewegung ist. Das stand ja auch auf dem Anmeldezettel. Aber wenn sie mehr wissen wollten, konnte er gar nichts sagen. Alles das wäre
10 dann nur peinlich für ihn. Vielleicht war es besser, wenn er Tati überzeugen konnte, doch nicht mitzufahren. Wenn das Sommerlager tatsächlich nicht stattfand, hätte er sich wenigstens nicht blamiert.

15 Tom blieb stehen, lehnte sein Fahrrad an eine Laterne, setzte sich auf den Bürgersteig und versuchte, sich zu beruhigen. Er machte sich nur verrückt mit diesen ganzen Gedanken und Ängsten. Vielleicht sollte er einfach den morgigen Tag ab-
20 warten. Mit seinem Fahrrad trottete er langsam weiter.

Kurz bevor er in die Straße einbog, sah er auf der anderen Straßenseite eine Gestalt aus einem Hauseingang treten. Als Tom erkannte, wer es
25 war, überlegte er, ob er fliehen sollte. Aber er war

noch nie vor jemandem weggelaufen. Schon gar nicht vor Jos. Langsam ging er weiter.

Jos kam über die Straße auf ihn zu, blieb vor ihm stehen.

5 Tom wollte weitergehen, aber Jos blickte ihn an. „Was willst du?", fragte Tom, als Jos ihn schweigend ansah.

„Mit dir reden", sagte Jos.

Tom zuckte mit den Schultern: „Ich kann nichts
10 dafür, dass du in ein Auto läufst."

„Ich kann zur Polizei gehen", sagte Jos, „und dich anzeigen."

Tom zuckte mit den Schultern: „Du drohst mir schon wieder." In ihm stieg Wut hoch. Er hatte
15 ihm schon im Fahrradkeller gesagt, dass er sich nicht einmischen sollte: „Es ist meine Sache und wenn du nicht schon wieder Ärger willst, dann solltest du jetzt verschwinden."

Jos bewegte langsam seinen Kopf hin und her:
20 „Ich werde nicht verschwinden. Ich will wissen, warum ihr das macht. Dein Bruder und du."

„Ich mache nichts mit meinem Bruder. Der ist gar nicht da."

Tom überlegte, wie Jos auf seinen Bruder kam,
25 denn eigentlich kannte Jos ihn gar nicht, aber er

konnte den Gedanken nicht zu Ende denken, weil Jos schon wieder weiterredete.

„Die Sache mit Mira? War das nichts? Rassistische Beleidigungen mir in die Schuhe schieben?"

5 „Darüber haben wir schon geredet. Ich war es nicht", sagte Tom.

„Aber dein Bruder. Und du wusstest davon, sonst hätte er keine Zugangsdaten gehabt", sagte Jos.

„Ich habe nie gesagt, dass du das warst. Und es 10 ist meine Meinung. Schon mal was von Meinungsfreiheit gehört?"

„Und Morddrohungen fallen auch unter Meinungsfreiheit?"

Tom erstarrte, schaute Jos an, der langsam seine 15 Schirmmütze vom Kopf zog.

„Das mit der Morddrohung wusstest du nicht …?"

„Nein", sagte Tom verblüfft, „welche Morddrohung?"

„Die Morddrohung gegen Latif, den Trainer vom 20 Turnverein. Und nicht nur die Morddrohung, sondern auch der Plan von deinem Bruder, ihn zu verprügeln. Findest du das gut? Oder war das deine Idee?"

Tom ballte die Fäuste, ließ sie wieder hilflos sin-25 ken.

„Ich weiß von keiner Morddrohung."

„Deswegen bin ich zur Turnhalle gelaufen. Um Latif zu warnen, weil dein Bruder ihm eine Morddrohung geschickt hat. Und du hast ihn beobachtet oder hast Schmiere gestanden oder was weiß ich ..."

„Das stimmt doch gar nicht!", sagte Tom, der langsam zu begreifen begann, „Ich war an der Turnhalle wegen Tati. Weil ich Angst hatte, dass dieser Syrer ..."

„Warum macht ihr das?", fragte Jos wieder. „Menschen, die euch nichts getan haben."

In Toms Kopf drehte sich alles: „Er hat es sicher nicht so gemeint. Er wollte ihm einen Denkzettel verpassen ... Um die Mädchen zu beschützen."

„Komischer Schutz", sagte Jos und blickte auf den Boden. Tom schien tatsächlich nichts von der Morddrohung gewusst zu haben. Auf einmal wusste Jos nicht mehr, was er sagen sollte. Er blickte wieder auf Tom, der bleich vor ihm stand und stammelte: „Ich wollte das nicht. Es tut mir leid, dass du den Unfall hattest."

Jos nickte, dann drehte er sich um. Tom wollte ihn noch fragen, ob er ihn verraten würde, aber er wagte es nicht. Er sah Jos nach, der langsam die

Straße entlangging, ohne sich noch einmal um-
zudrehen.

Dann bog Jos um die Straßenecke und war nicht
mehr zu sehen. Die ganze Welt brach unter Tom
5 weg. Er konnte jetzt nicht nach Hause gehen. Alles,
was er sich vorgestellt hatte, was er sich wünschte, verschwand in dem schwarzen Loch unter ihm.
Alles, was er mochte, fiel hinein und er stand allein
am Rand des Abgrunds und wagte nicht hinunter-
10 zusehen. Das Gesicht seines Bruders zog an ihm
vorbei, ohne dass er etwas dabei empfand.

Er hatte immer alles mitgemacht, sich nie aufge-
lehnt gegen seine Verbote. Er hatte nie gefragt
und seine Meinungen übernommen. Aber jetzt
15 war etwas anders. Er konnte sich nicht mehr auf
ihn verlassen. Ihm wurde übel bei dem Gedanken,
dass er an allem, was sein Bruder tat, mitschuldig
sein sollte. Natürlich wollte er nicht, dass dieser
Latif mit Tati ins Turncamp fuhr. Aber dass Gerold
20 ihn deswegen bedrohte und er, Tom, daran schuld
sein sollte, das war nicht zu ertragen.

Er wusste auf einmal, dass er Tati verlieren würde.
Und selbst wenn Tati zu ihm hielt: Wenn das alles
herauskam, würden ihre Eltern ihr verbieten, mit
25 ihm Kontakt zu haben. Er würde von der Schule

fliegen, nirgendwo konnte er dann mehr hin. Vielleicht hatten sie Gerold verhaftet. Es gab kein Sommerlager, nichts gab es mehr für ihn.

Durch seinen Kopf flogen kurz die Erinnerungen
5 an das letzte Jahr. Wie sie alle nur Kameraden waren und zusammengehörten. Aber es waren Erinnerungen und es war vorbei. Er wollte dort nicht mehr hin. Nicht mehr das tun, was der Scharführer und die Lagerleitung bestimmten. Das
10 Strammstehen erschien ihm auf einmal kindisch und er wollte nicht mehr alles gemeinsam machen, weil die Gemeinschaft der Kameraden das einzig Wichtige war. Er schüttelte die Erinnerungen ab. Er wollte zu Tati, er musste zu ihr, das war
15 das Einzige, was ihm wichtig schien. Mit ihr irgendwo sitzen, ihr ganz nahe sein. Er hatte Angst davor, aber er musste ihr alles erzählen, ihr klarmachen, dass er nicht mehr so leben wollte. Er war nicht nur der kleine Bruder, er war ein eigener
20 Mensch, der sich seine eigenen Gedanken machte. Als er am Einkaufszentrum vorbei zurückging, dorthin, wo Tati wohnte, sah er im Schaufenster sein gespiegeltes Gesicht und seine Verzweiflung. Ich will nicht allein sein, dachte er und erinnerte
25 sich wieder, dass Tati gestern auch mit Mira gere-

det hatte. Noch glaubte sie, dass er Mira nicht beleidigt hatte, aber wenn alles andere herauskam,
nützte das nichts mehr. Mira. Ja, er musste zuerst
zu Mira. Er musste sich entschuldigen. Vielleicht
5 konnte er das Schlimmste verhindern.

Als der Mann öffnete, war Tom von seiner Hautfarbe so überrascht, dass er versuchte, Englisch zu
sprechen. Aber der Mann antwortete auf Deutsch
und Tom war verwirrt, wusste erst nicht, was er
10 sagen wollte, aber dann wurde ihm natürlich klar,
dass es Miras Vater war.
„Wen darf ich denn ankündigen?", fragte er Tom.
„Ich bin Tom", sagte er nach kurzem Zögern. Der
Mann nickte, als hätte er ihn erwartet: „Ich weiß
15 nicht, ob Mira dich sprechen will, aber wir können
ja reden. Komm rein."
Tom wurde es heiß. Der Mann kannte ihn und er
wusste mehr, als er vermutet hatte. Am liebsten
wäre er auf der Stelle wieder gegangen, aber er
20 musste das jetzt durchstehen. Der Mann zeigte
auf einen Sessel im Wohnzimmer und Tom setzte
sich vorsichtig.
„Ich arbeite wie viele meiner Landsleute in der IT-
Branche", sagte er, „die besten kommen hier nach

Deutschland. Nicht, weil sie es nötig hätten, sondern weil wir hier gebraucht werden", sagte der Mann und lächelte.

„Ja", sagte Tom, der nicht verstand, warum Miras
5 Vater ihm das erzählte.

„Es ist sehr unangenehm", sagte der Mann, „dass das immer so falsch verstanden wird. Und es ist ärgerlich, dass wir deswegen, weil wir eine andere Hautfarbe haben, hier so behandelt werden."
10 Tom nickte.

„Ich freue mich, dass du das auch so siehst", sagte der Mann, „ich verstehe nur nicht, dass du gleichzeitig etwas anderes im Internet von dir gibst. Es ist ärgerlich, dass Menschen, die Ängste und Min-
15 derwertigkeitskomplexe haben, ihr Selbstbewusstsein daraus ziehen, dass sie andere Menschen verachten. Aber ...", er blickte auf, sah, dass Mira die Treppe heruntergekommen war, stand auf und verließ den Raum, „vielleicht klärt ihr das selber."
20 Mira ließ sich in einen Sessel ihm gegenüber fallen und betrachtete ihn. Tom schluckte. Er merkte, dass er sich gar nicht überlegt hatte, wo er beginnen sollte.

„Dein Vater spricht gut deutsch", sagte er leise
25 und zögernd, um wenigstens etwas zu sagen.

„Deutsch sprechen zu können ist keine angeborene Eigenschaft und macht den Menschen weder besser noch schlechter", sagte Mira und Tom nickte wieder.

5 „Warum bist du hier?", fragte sie dann.

„Weil ich mit dir reden will ... und dir erklären will, dass ich – ich habe die Beleidigungen nicht geschrieben ... und es war auch nicht Jos", er beugte sich vor.

10 „Ich weiß", sagte Mira, „du willst sagen, du hast mit der ganzen Sache nichts zu tun."

„Es war mein Bruder", sagte Tom, „aber er hat durch mich den Zugang bekommen. Aber das ist schon länger her."

15 „Ich weiß, dass es dein Bruder war", sagte Mira, „mein Vater hat es herausgefunden und die Polizei informiert. Du erzählst nichts Neues. Warum bist du hierhergekommen?"

„Ich wusste nicht, dass du schon alles weißt ...",

20 sagte Tom unsicher.

„Aber du wusstest doch, dass dein Bruder das alles geschrieben hat?"

Tom überlegte. Nie hatte er etwas von seinem Bruder verraten. Aber es war ihm klar, dass er es

25 nicht leugnen konnte. Selbst wenn es so gewesen

wäre, niemand würde ihm glauben: „Ja, aber ich habe ihm nicht gesagt, dass er es tun soll. Was hätte ich denn tun sollen?"

„Du hättest eine Menge tun können", sagte Mira
5 und auf einmal merkte Tom, worauf sie hinauswollte.

„Und was?", fragte er.

„Du hättest es vielleicht nicht verhindern können, aber du hättest es klarstellen können. Aber dazu
10 warst du zu cool. Oder du hattest einfach Angst. Oder du hast absichtlich nichts gesagt. Weil du es irgendwie gut findest, was dein Bruder macht." Langsam stand Mira auf: „Ich habe mich auch nicht richtig verhalten und ich habe mich entschul-
15 digt. Mir tut es leid, was ich über Jos gesagt habe." Tom zuckte mit den Schultern.

„Den Mund zu halten, wenn andere beleidigt werden. Wenn andere fertiggemacht werden, ist fast so schlimm, wie es selbst zu tun."
20 „Tut mir leid", sagte Tom und hob den Kopf, „du bist mir auf die Nerven gegangen, deswegen habe ich es gemacht."

Und für Tati, dachte er, damit sie ins Sommerlager mitkommt. Aber es gab kein Sommerlager mehr.
25 Es war alles umsonst gewesen.

„Warum hast du nichts gesagt? Was hast du dagegen, dass ich eine dunklere Haut habe? Was stört dich daran?"

„Nichts", sagte er, „wirklich. Es war blöd von mir."

5 Ich wollte doch nur Tati für mich, dachte er, aber er brachte es nicht über die Lippen.

„Am besten du gehst jetzt", sagte Mira und Tom stand auf und ging zur Tür. Noch einmal drehte er sich um, Mira war im Sessel sitzen geblieben.

10 „Ich werde es nicht mehr tun", sagte er, „ich will … anders werden."

Mira stand auf. „Bis morgen", sagte sie.

Tom blickte auf die Uhr, als er draußen stand. Dann schickte er eine Nachricht an Tati: Komm

15 bitte zum Schwimmbagger. Ich muss mit dir reden.

Der See lag außerhalb der Siedlung und er hatte genügend Zeit, um dorthin zu fahren. Nach Hause gehen wollte er nicht. Wer wusste, was ihn dort

20 erwartete. Im besten Fall Gerold, der zurückgekommen war und sagte, dass das Sommerlager doch stattfand. Aber als Tom in sich hineinhorchte, löste der Gedanke in ihm keine Freude mehr aus. Vielleicht wäre es besser gewesen, er hätte

Herrn Geist im Vertrauen alles erzählt, dann wäre er jetzt nicht in dieser Situation.

Wenn er jetzt daran dachte, dass Gerold noch immer sein Handy kontrollieren wollte, den Chat mit Tati lesen würde, dann wurde ihm ganz übel. Nein, das ging jetzt nicht mehr. Das musste Gerold einsehen. Und wenn nicht, dann musste etwas geschehen. Vielleicht konnte er sich ans Jugendamt wenden oder an die Polizei. Irgendjemand würde ihm schon helfen.

Aber das Schwierigste stand ihm noch bevor. Er musste Tati alles erzählen. Er musste ihr sagen, dass es sein Bruder gewesen war, der die Mails gegen Latif geschrieben hatte. Er musste ihr sagen, dass er davon nichts gewusst hatte und es auch nicht richtig fand, dass man so etwas tut.

Vor allem aber musste er ihr klarmachen, dass es kein Sommerlager gab und dass sie beide ihre Ferien hier am See verbringen mussten.

Es war noch hell, als er ankam. Er entschloss sich, draußen am Weg auf Tati zu warten. Er versteckte sein Fahrrad im Gebüsch, schlenderte zum See, blickte über die Liegewiese zum Wasser hinunter. Unter dem Baum sah er Hannah sitzen. Vielleicht sollte er zu ihr gehen, aber dann bekam er Angst, Tati zu verpassen.

Aber Tati kam nicht. Anscheinend hatten sie sich verpasst. Tom bog langsam die Zweige auseinander und ging den Pfad bis zum Zaun, schlüpfte durch die Lücke.
Da sah er Tati am Ufer. Als sie ihn hörte, drehte sie sich hastig um: „Endlich. Ziemlich unheimlich hier. Ich habe dauernd das Gefühl, dass jemand auf dem Schwimmbagger ist."
„Hm", Tom kniff die Augen zusammen, um gegen die untergehende Sonne etwas zu sehen. Vielleicht hatte sich sein Bruder dort versteckt oder er traf sich dort mit seinen Freunden. Tom hatte gehofft, mit Tati allein zu sein.
„War ziemlich schwierig, von zu Hause wegzukommen. Wenn das so weitergeht, haben wir bei meinen Eltern schlechte Karten. Dann kann ich mir das Sommerlager schenken."
Ihre Worte bohrten sich wie kleine Pfeile in Toms Gedanken. Er beugte sich nach vorne, um ihr einen Kuss zu geben, aber sie drehte sich zur Seite. „Das mit dem Sommerlager ..." begann er vorsichtig.

„... kann nicht stattfinden, willst du mir jetzt erzählen?"

Tom starrte sie an, dann nickte er.

„Wie?" Tati war fassungslos. „Und was ist mit meinen Sommerferien?"

„Mein Bruder hat anscheinend Mist gebaut und ist
verschwunden. Und deswegen kann es nicht
stattfinden."

„Das darf doch nicht wahr sein!" Tati stand auf
und hob ihre Hände.

„Mir tut es auch leid, ich hatte so gehofft ..."

„Gehofft. Gehofft. Das ist doch alles nicht zu glauben", sie schüttelte den Kopf, griff nach ihrem
Handtuch und lief zurück auf dem Weg in das Gebüsch.

„Warte", rief Tom, aber sie war schon im Dickicht
verschwunden. Tom starrte auf den Schwimmbagger. Auch er sah jetzt drüben eine Bewegung in
der Kabine, aber genau erkennen konnte er nichts.

Er überlegte, ob Tati vielleicht zurückkam, aber es
war besser, ihr nachzugehen. Aber als er einige
Schritte ins Gebüsch hineingegangen war, hörte er
Zweige knacken. Jemand kam von vorne. Tom
duckte sich ins Gebüsch, dann sah er, dass Tati
zurück zum Ufer lief.

„Tati", rief er und zog sie zu sich ins Gebüsch.

„Da sind Männer, die sind durch das Gebüsch gelaufen, dann haben sie mich gesehen und sind mir nach."

5 Tom zog sie tiefer zwischen die Zweige: „Duck dich."

Sie lagen in einer Mulde und konnten vom Weg nicht gesehen werden. Dann sah Tom zwei Männer hintereinander langsam den Weg entlanggehen und nach rechts und links schauen.

„Sie muss hier irgendwo sein, vorne kommt man nicht raus", hörte er den einen sagen. Tati drückte sich an ihn, er spürte ihren hastigen Atem. Als sie an ihrem Versteck vorübergingen, sah er, dass einer der beiden Männer sein Bruder war.

15 „Ganz ruhig", flüsterte er Tati ins Ohr, „es kann nichts passieren. Ich kenne ihn."

„Du kennst …?" wollte Tati fragen, aber er drückte seinen Finger auf ihre Lippen.

20 „Mein Bruder", sagte Tom düster, „ich kann nichts dafür. Obwohl schon … Aber ich will nichts mehr mit ihm zu tun haben. Ich will leben, mit dir zusammen sein und nicht auf andere Leute hetzen, nur weil sie Ausländer sind oder Flüchtlinge oder

anders aussehen als wir. Das ist ihr Versteck, wenn sie gesucht werden."

Als er in Tatis erstauntes Gesicht sah, fügte er leise hinzu: „Von der Polizei."

5 „Seltsames Verhalten für die Aufsichtsperson eines Sommerlagers", flüsterte Tati, „ihr seid eine komische Familie."

„Leider", sagte Tom.

Sie sahen, wie die beiden Männer am Ufer stan-
10 den. Die Männer blickten sich noch mal um, dann zogen sie ihre Kleidung aus und packten sie in Beutel.

„Ich war bei Mira", sagte Tom, als die beiden Männer langsam zum Bagger schwammen, „ich habe
15 mich entschuldigt. Es war mein Bruder, der sie beleidigt hat. Er hat auch die Hetze gegen deinen Trainer angeleiert."

„Er ist schuld, dass es kein Turncamp gibt? Warum macht er so was?"

20 „Mein Bruder hasst jeden, der nicht von hier stammt. Ob Araber oder Afrikaner oder Inder. Völlig egal."

„Aber du denkst doch genauso. Du hast immer gegen Mira gestichelt."

„Ich mag Mira nicht. Aber das liegt an ihr und nicht an ihrer Hautfarbe", versuchte Tom zu erklären. Das stimmte ja, es war ihm egal, wie sie aussah.

„Und Latif? Warum hast du nichts gesagt? Mir ein-
5 geredet, dass er gefährlich ist?"

„Ich hab das nur gesagt, weil ich wollte, dass du mit mir ins Sommerlager fährst", sagte Tom.

„Es ging dir nur um dich?"

„Um uns", sagte Tom leise.

10 „Es ging dir um dich", sagte Tati und ihre Stimme war leise, „du hast nur deinen Wunsch im Kopf gehabt. Und jetzt hocken wir beide hier und kommen nicht weg."

„Ich kann verstehen, wenn du mich jetzt hasst."

15 „Ach Tom. Ich bin selbst schuld. Dass ich dir das geglaubt habe", sagte Tati und strich über seinen Kopf.

„Ein Sommer am See ...", sagte Tati, „ohne Hass und Angst. Das wäre es doch."

20 „Wir müssen hier weg." Tom setzte sich langsam auf, begann geduckt durch das Gebüsch vom Ufer wegzukriechen.

„Willst du nicht mit ihm reden?"

„Man kann mit ihm nicht mehr reden. Er ist so ver-
25 stockt. Wenn ich ihm wieder begegne, werde ich

ihm sagen, dass ich nichts mehr mit ihm zu tun haben will. Ich rede mit Herrn Geist. Vielleicht komme ich da raus."

Tati nickte, langsam drückten sie sich durch das dunkle Gebüsch, bis sie zum Zaun kamen, die Lücke fanden und über den Pfad zum Badesee zurückgingen.

„Was ich noch nicht verstehe", sagte Tati, „du hast doch die ganze Zeit gesagt, dass dein Bruder sich dafür einsetzt ... dass es uns besser geht, wenn es keine Ausländer mehr gibt."

„Ich habe mitgemacht, aber ich wusste nicht, dass er so weit geht. Miras Vater weiß alles. Er hat die Polizei informiert und mein Bruder versteckt sich hier", Tom zog sein Fahrrad aus dem Gebüsch, „als ich gehört habe, dass er es gewesen ist, hatte ich keine Lust mehr auf Sommerlager. Ich will nicht zu jemand gehören, der nur jemand ist, weil er sich als Deutscher oder Weißer oder was weiß ich bezeichnet. Ich will einfach so sein, wie ich bin."

„Zu wem gehörst du dann?", fragte Tati.

„Ich weiß nicht. Zu denen, die mich mögen. Und vor allem zu dir, wenn du mich noch magst."

„Können wir jetzt irgendwo hingehen, wo es netter ist?", fragte Tati.

„Vielleicht auf die Liegewiese, wo wir unsere Sommerferien verbringen werden?"

„Kein schlechter Platz", sagte Tati und nahm seine
Hand.

5   Später, als es langsam dunkel wurde und sie sich
zurück auf dem Weg von der Liegewiese nach
Hause machten, sahen sie die Blaulichter durch
das Gebüsch vom Baggersee leuchten. Tom blieb
stehen, stieg ab, blickte in das Dunkel des Ge-
10 büschs.

„Willst du da hingehen?", fragte Tati.

„Es ist mein Bruder", sagte Tom, „aber es ist sein
Leben."

„Komm", sagte Tati und legte ihren Arm um seine
15 Schultern, „wir versuchen mal was anderes."